# 나비
# 효과

노원의 날갯짓이 세상을 바꾼다

**나비효과**
노원의 날갯짓이 세상을 바꾼다

첫판 1쇄 펴낸날  2012년 7월 17일
첫판 2쇄 펴낸날  2012년 8월 13일

지은이 | 김성환
펴낸이 | 박성규

펴낸곳 | 도서출판 아침이슬
등록 | 1999년 1월 9일(제10-1699호)
주소 | 서울 은평구 신사동 25-6(122-080)
전화 | 02) 332-6106
팩스 | 02) 322-1740
이메일 | 21cmdew@hanmail.net

ISBN 978-89-6429-120-7 03340

* 이 책의 저작권은 도서출판 아침이슬에 있습니다.
  신 저작권법에 의해 보호를 받는 저작물이므로 무단전재와 무단복제를 금합니다.
* 책값은 뒤표지에 있습니다.

# 나비효과

노원의 날갯짓이 세상을 바꾼다

김성환 지음

아침이슬

추천사

# 노원의 날갯짓이 세상을 바꾸길

박원순(서울시장)

　　　　어떤 이의 개인적인 재능은 일정한 수준 이상이 되면 공공에게 큰 행복이 됩니다. 예술가나 체육가, 사상가의 활동이 대표적이지요. 그런데 세상에는 공공을 위한 재능을 타고 난 사람도 있습니다. 유능한 행정가들이 그런 경우일 것입니다. 이러한 공공을 위한 재능은 일정 수준 이상에 오르면 역으로 지극히 개인적인 완성도를 이룹니다. 행정은 종내에는 그렇게 예술적인 완성도를 향해 나아가게 됩니다. 마치 지휘자, 마에스트로의 작업과 같다고나 할까요?

　그런 맥락에서 『나비효과—노원의 날갯짓이 세상을 바꾼다』는 만족도가 높은 책입니다. 김성환 구청장의 업적보다는 과정이 담겨 있고 과거보다는 내일을 기대하게 합니다. 무엇보다 충실함이 가득한 작품입니다.

'Think Globally, Act Locally', 지구적으로 생각하고 지역적으로 실천하는 것은 단순한 영민함만으로 가능한 것은 아닙니다. 성실을 넘어서는 소명이 이끌어야 하고 시대를 종횡으로 엮어 내는 통찰력이 수반되어야 할 것입니다.

　이러한 자격을 책도, 지은이도 갖추고 있습니다. '노원의 날갯짓이 세상을 바꾼다'는 자신만만한 부제도 그렇게 설득력을 갖습니다. 김성환 구청장의 행정가로서의 작품성이 완성되어 갑니다. 다음 작품 또한, 기대하겠습니다. 고맙습니다.

추천사

# 풀뿌리 정치인
# 김성환의 목소리를 들어 보세요

이해찬 (민주통합당 대표)

　　　　김성환 구청장은 현실에서 정책을 찾는, 연구하는 공직자로 유명합니다. 저는 87년 6월 민주항쟁의 승리를 이끌었던 민통련에서 청년 김성환을 처음 만났습니다. 그는 여타의 운동 이론가들처럼 추상적 사상에 얽매이지 않은 자유로운 청년이었습니다. 현실에서 실천할 수 있는 대안을 찾고 자기 뜻과 다른 사람들의 마음을 움직이는 데 탁월한 능력을 가지고 있었습니다. 그때부터 눈여겨보았으니 저하고는 25년이 넘은 오래된 인연입니다.

　　김성환은 생활정치의 한길을 걸었습니다. 1995년 노원구 의원을 시작으로 서울시 의원을 거치면서 지역 주민의 삶, 어려운 이웃의 일상과 관련된 정책을 고민했습니다. 지방자치를 몸으로 체득한 몇 안 되는 젊은 정치인입니다. 그의 생활현장 경험은 뒤에 고(故) 노무현 대통령의

정책조정비서관 시절에 큰 빛을 발했고 참여정부의 정책 추진에 적지 않은 기여를 했습니다.

노원구로 돌아온 김성환이 구청장을 맡은 지 이제 2년이 되었습니다. 그의 오랜 경험과 교육도시 노원의 비전을 담은 이 책 『나비효과―노원의 날갯짓이 세상을 바꾼다』는 노점상, 협동조합, 전기장판과 지역난방, 뉴타운 대책 등 우리 생활과 밀접하게 얽혀 있는 기초지방자치단체장의 고민과 대안이 듬뿍 담겨 있습니다. 청년 김성환이 어느새 노원구민의 든든한 지킴이가 되어 좋은 뜻을 펼치는 모습을 지켜보는 것은 저에게는 큰 기쁨입니다. 보다 많은 분들이 김성환의 목소리를 들어 보시면 좋겠습니다. 감사합니다.

추천사

# 지방자치와 행정,
# 지역 일꾼들에게 좋은 참고서

문재인(국회의원)

　　　　김성환 구청장은 청와대 행정관을 거쳐 정책조정비서관으로 근무하던 참여정부에서 저와 같이 일을 한 경험이 있습니다. 회의석상에서 참신한 아이디어를 제시하고, 꼼꼼하게 추진하는 모습을 보면서 '참 열심히 일하는 사람이구나' 하는 생각이 들었습니다. 노무현 대통령도 역시 그를 창의적이고 훌륭한 정책전문가로 아끼고 사랑하였습니다.

　　군 복무기한 단축이나 종합부동산세의 지방 균형발전 재원화 등 아직도 우리 사회에 큰 영향을 주고 있는 정책들을 그가 제안하고 기획했던 것으로 기억합니다. 또한 노무현 대통령 서거 이후에는 이 땅의 민주주의와 진보를 위해 남긴 마지막 유산인 『진보의 미래』를 세상에 내놓는 데 어떤 고생도 마다않고 큰 역할을 했었습니다.

　그가 노원구청장으로 당선되고 2년이 지났습니다. 지난 2년여 동안 김성환 구청장이 지역에서 청와대 근무 시절 못지않게 다양한 시도들과 성과를 만들어 가고 있다는 얘기를 주위의 많은 사람들로부터 전해 들은 바 있습니다.

　그런 그가 쓴 『나비효과―노원의 날갯짓이 세상을 바꾼다』는 지방자치와 행정 그리고 지역을 고민하는 사람들에게 좋은 참고서가 될 것입니다.

## 차례

**머리말** 반환점을 돌며

### 제1부 내 삶의 든든한 이웃

- 32 한 생명을 살리는 일은 우주를 살리는 일—자살예방사업
- 43 내 손 안의 4분의 기적—심폐소생술 상설 교육장
- 51 복지? 체감할 수가 없어요—동 단위 복지협의체
- 60 복지 도우미로 간판을 바꾸다—통장의 새로운 역할
- 67 실개천에서 용이 나오려면—노원교육복지재단
- 74 책 대신 사람을 대출해 드립니다—휴먼 라이브러리
- 80 마음이 있으면 못할 일이 있으랴—SSM 대책
- 85 소속을 물어볼 때가 제일 슬퍼요—공공기관 비정규직 대책
- 93 생존권과 보행권이 충돌한다면—노점상 대책
- 100 내 아이는 내가 키운다—돌봄협동조합
- 107 한겨울을 전기장판 하나로 때워요—지역난방 문제

## 제2부 공존의 시대 살아가기

- 118 화석연료 없이 살 수 있을까―노원에코센터
- 127 한국판 베드제드 가능할까―에너지 제로 하우스
- 132 우리 집에 열이 새고 있다구요?―에너지 컨설팅과 집수리 사업
- 137 원전의 최대 수혜자 서울의 선택은―탈핵-에너지 전환 도시선언
- 145 불편하게 살아가기―지구온난화에 대한 대응
- 153 마른하늘에 날벼락―방사능 아스팔트
- 160 놀이터 모래를 빨래해 드립니다―공원내 놀이터 모래 소독
- 165 서울은 만원, 농촌으로 돌아가자―귀농귀촌운동
- 170 처치 곤란한 나뭇가지가 자원으로―도심형 바이오매스

제3부 교육과 도시, 그 새로운 시도

176  마을이 학교다—교육영향평가제 도입
180  학업 중단 학생이 매년 1천 명?—청소년 대책
185  문화, 볼거리인가 참여인가—주민참여형 문화
189  멀쩡한 도로를 왜 파헤쳤대요?—수락산 디자인거리
194  다 좋은데 일자리가 없다—도시계획과 일자리 창출
199  제발 우리 좀 내버려둬 주세요—계륵이 된 뉴타운
205  재건축 연한 단축해 주세요—주택정책의 전환
209  공동체 복원의 첫걸음, '안녕하세요'—마을만들기

## 제4부 편한 의자

218  18년 닫힌 철문을 열다—소통의 달인
225  대화로 풀 수 없는 문제가 있을까—30년 된 불법 배드민턴장 정비
229  헌법 제1조 2항과 제7조 1항—내가 생각하는 공무원
234  인사가 만사라는데—논술시험
239  종교기관에서 배운다—구청은 행정만 하는 곳일까
242  재정자립도 꼴찌의 대안—예산분배제도의 재검토

맺음말 **나비효과를 꿈꾸며**

머리말

## 반환점을 돌며

　　　　　　구청장직을 맡아 일을 시작한 것이 엊그제 같은데 어느덧 2012년 7월, 벌써 반환점에 이르렀습니다. 세월이 쏜살같다고 하지만, 지난 2년의 시간이 너무나 빨리 지나가 버린 듯합니다. 이대로 가면 남은 2년은 더 빨리 지나지 않을까 걱정입니다.

　제가 있는 노원구청은 외교, 안보 분야를 제외한 내치와 관련된 거의 모든 분야의 사무를 정부나 광역단체로부터 위임 받아 교육청, 경찰서 등과 연계하여 시행하는 최일선 종합행정기관입니다. 기관의 특성상 주요 정책을 직접 결정할 수는 없지만, 주민들의 애환을 가장 생생하게 들으면서, 작은 범위에서나마 행정을 종합적으로 펼칠 수 있는 곳이기도 합니다. 그런 노원구에서 구청장직을 수행하며 지나온 발길을 되돌아보려고 합니다.

　선거 당시에 주민들에게 했던 약속은 잘 지켰는지, 구민을 주인으로 모시는 행정을 하겠다는 마음은 변치 않고 있는지, 기초자치단체에서 모범을 만들어 세상을 변화시키는 데 한몫하겠다는 결의는 잘 실천했는지…… 만감이 교차합니다. 사상 초유의 대규모 방사능 아스팔트가 발생한 사건을 비롯해 여러 크고 작은 일들이 주마등처럼 스쳐 갑니다. '좀 더 잘할 수 있었는데' 하는 아쉬움도 함께 밀려옵니다.

　그런 생각 끝에 반환점까지의 흔적을 기록으로 정리해야겠다는 생각을 했습니다. 노원에서 새롭게 추진했던 과제들, 추진하는 과정에서 닥친 장애와 그 가운데 느낀 교훈을 잘 정리하는 것은 여러 가지로 의미가 있을 것 같습니다.

　우선, 저의 옷깃을 여미는 데 도움이 될 듯합니다. 2년이란 시간은 하나의 정책을 마무리하여 평가하기에는 다소 부족하지만, 그 일이 싹수가 있는 일인지, 올바른 길로 가고 있는지를 판단하기에는 부족함이 없는 시간입니다. 따라서 남은 2년의 임기를 어떻게 설계하고 실천할지에 대한 중요한 판단 근거가 될 것입니다.

　다음으로 노원에서의 실천과 경험이 다른 동네 발전에 조금이라도 보탬이 될 수 있을 것입니다. 지방자치단체마다 조건이 각양각색이므

로 무엇이 최선이라고 잘라서 말할 수는 없습니다. 하지만 '세 사람이 지나가면 그중에는 반드시 내가 스승으로 삼을 만한 사람이 있다(三人行必有我師)'는 공자의 말처럼 노원구청의 경험을 잘 정리하여 나누는 것은 다른 자치단체에도 도움이 될 것입니다.

나아가 조금 욕심을 낸다면, 풀뿌리 자치에 관심이 있는 사람들, 자신이 살고 있는 곳에서 작은 실천을 통해 세상을 변화시키기를 꿈꾸는 사람들에게 저의 경험이 희망의 근거가 될 수 있었으면 합니다.

**참으로 모진 대한민국 그리고 개인의 선택**

구청장으로 일하면서 우리나라가 힘없고, 뒤를 봐줄 이 없는 사람에게는 참으로 모진 사회라는 생각을 새삼스럽게 하게 되었습니다.

세계 최고의 자살률에 최저의 출산율, 거기에 최고의 사교육비 등이 우리나라를 대표하는 기록입니다. 이런 사회를 살아간다는 건 참으로 모진 삶입니다. 이는 식민지를 경험한 나라 중에 유일하게 올림픽과 월드컵을 치룬 나라, 분단 상황임에도 산업화와 민주화를 가장 단기간에 이룩한 나라라는 성공 스토리 이면에 있는 우리의 부끄러운 기록이기

도 합니다. 정부는 이 문제를 치유하기 위해 자살예방센터를 만든다거나, 무상보육을 한다거나, 대학입시 제도를 바꾼다거나 하는 대책을 내놓고 있지만 별다른 개선의 조짐이 보이질 않습니다.

왜 그럴까요? 처방전을 내기 전에 원인을 살펴볼 필요가 있습니다. 이 부끄러운 기록은 각각 별개의 것 같지만 자세히 들여다보면 오늘날 한국 사회에서 생존하기 위한 가족과 개인의 처절한 선택의 모음입니다. 얼굴은 조금씩 다르지만 한 부모 아래에서 태어난 형제들과 같죠. 저는 이들 형제가 대부분 1997년 외환위기를 전후하여 잉태되어 세상에 나왔다고 생각합니다. 김영삼 정부 당시 세계화의 이름으로 진행된 금융 개방과 자유화, 이로 인한 단기 외채의 유동성 위기, IMF의 잘못된 처방, 이를 기회로 한 기업집단의 대량 해고와 비정규직 양산 등이 중첩되어 진행되면서 한국의 경제구조는 급속하게 신자유주의 체제로 변화되었습니다.

그 결과 정규직으로 고용되었던 3~4백만 명의 노동자가 파견, 사내하도급, 외주 등의 이름으로 비정규직으로 전환되었습니다. 이로 말미암아 고용의 불안정성이 수직 상승했습니다. 그러자 많은 취업 지망자가 공무원을 비롯한 안정적 일자리로 몰려 수십, 수백 대 1의 경쟁률을 기록하고 있습니다. 취업이 바늘구멍 찾기가 되어 버렸습니다. 직업간 격차는 커지고, 소득도 줄어드는데 교육비는 늘어만 가니, 결혼을 미루거나 하더라도 출산을 포기하는 것은 한국 사회를 살아가는 개인의 불가피한 선택인 것입니다. 이러한 모진 삶의 무게에 짓눌려 빈곤과 고독이 지속되면 고도의 스트레스가 쌓이고 급기야 우울증 단계에 이르러 생을 포기하는 극단적 선택을 하는 이들이 늘어납니다.

통계만 보더라도 이는 쉽게 확인됩니다. 출산율은 1983년부터 1.6~1.8명대를 유지하다가 외환위기 직후에 1.0명대로 급락하였습니다. 자살률 역시 외환위기 이전에는 OECD 평균인 인구 10만당 10명 수준이었으나, 외환위기 직후 수직상승하여 18명대로 오르고, 2003년 카드대란 시기에 20명대를 뛰어넘더니, 2008년 세계 금융위기를 거치며 30명대를 돌파했습니다.

한국 사회가 이러한 부끄러운 기록에서 벗어나려면 개별 사안에 대한 응급처방에 그칠 것이 아니라 종합적, 근본적 처방전과 대증요법 처방전을 동시에 실시해야 한다고 저는 생각합니다. 비정규직 문제, 직업간 격차, 임금 격차를 그대로 두고 제아무리 대학입시제도를 손질한들 사교육비를 줄일 수 없습니다. 결혼을 미루고 아이를 낳지 않는 문제를

그대로 두고 보육 대책만으로 출산율을 회복하는 것 역시 한계가 분명합니다.

따라서 전쟁에서 총사령관이 종합 상황판을 보면서 보병과 포병, 해군과 공군을 적재적소에 투입하듯, 경제개혁과 사회개혁, 그리고 교육개혁을 종합적인 관점에서 추진해 나가야 합니다. 군대로 치면 연대장 정도 수준인 구청장이 이런 제안을 한다는 것이 조금 주제넘어 보이기도 하지만, 현장에서 주민들의 목소리를 듣다 보니 이러한 생각이 더 절실해집니다.

**생각은 지구적으로, 실천은 노원에서**

"Think Globally, Act in Nowon"

제가 구청장 되기 전 노원의 뜻 있는 사람들의 모임인 노원포럼의 사무총장을 맡을 무렵부터 제가 즐겨 사용했던 말입니다. 원래는 "Think Globally, Act Locally"(생각은 지구적으로, 행동은 지역에서)였는데 노원구 버전으로 바꿨습니다. 저는 이 말을 참 좋아합니다. 주민들과 가장 밀접하게 소통해야 하는 행정의 최일선 책임자에게 더 없이 어울리

는 말이기 때문이죠.

사실, 대부분의 사람들은 지구적 차원의 문제는 UN이나 대통령 혹은 국회의원 등이 해결해야 할 과제로 여깁니다. 그런데 정작 대통령이나 국회의원의 임기가 4~5년에 불과하여 지구적 사고와 행동을 하기가 쉽지 않습니다. 지구촌 전체의 과제 해결보다는 당장 눈에 띄는 성과를 올려야 다음 선거에 당선될 가능성이 높다고 생각하기 때문입니다. 그러나 모두가 단기적 성과에 매몰되어 버린다면 46억 년의 나이를 먹고 70억 인류가 살고 있는 지구의 운명은 어떻게 될까요?

저는 비록 4년 임기에 불과하고, 국가정책을 좌우할 권한을 가지고 있지도 못하지만, 가능한 단기적 성과에 연연하지 않고, 지구촌과 한국 사회 발전에 장기적으로 도움이 될 수 있는 일을 한 발자국이라도 전진시켜 보기로 마음을 먹었습니다.

특히, 1980년부터 30여 년간 세계를 풍미했던 신자유주의 시대가 2008년 세계 금융위기를 기점으로 퇴조하는 상황에서 새로운 시대적 가치를 동네 차원에서는 어떻게 만들어 갈지가 최대의 숙제였습니다.

**공존의 시대, 불편하게 살아가기**

　신자유주의 이후의 시대를 저는 '공존의 시대'라고 생각합니다. 신자유주의는 국경을 넘나드는 금융자본의 탐욕과 그에 따른 세계적, 일국적 차원의 양극화의 어두운 단면을 드러냈습니다. 그리고 인류에게는 또 다른 어둠이 드리우고 있습니다. 석유문명에 기초한 인류의 생활방식이 석유의 고갈과 기후변화로 인해 어쩌면 공룡이 멸종했던 것과 같이 인류의 생존을 위협할지도 모른다는 경고가 울리고 있습니다. 공존의 시대에 양극화와 기후변화는 현재 지구촌과 인류가 당면한 가장 중요한 해결 과제입니다.
　따라서 인류는 소수의 탐욕을 실현하는 자본주의 방식이 아니라, 사람과 사람 그리고 사람과 자연이 공존하는 새로운 자본주의 방식을 채택해야 할 단계에 이르렀습니다. 이를 국민국가 단위의 과제로 표현하면 '지속 가능한 복지국가'라고 할 수 있을 것입니다.
　저는 이런 문제의식을 갖고 노원의 구정목표를 '교육중심 녹색복지 도시'로 정했습니다. 특히 구정목표에 녹색을 표방하고 있는 구는 서울의 25개 자치구 중 유일합니다. 제가 녹색을 강조하는 이유는 앞서 표현한 바와 같이 현재 지구촌과 인류사에 가장 중요한 문제가 기후변화라고 생각하기 때문입니다.

이미 과학적으로 확인된 바와 같이, 인류는 지구가 46억 년 동안 진화과정에서 비축해 두었던 화석연료를 산업혁명과 함께 최근 200년 동안 그야말로 물 쓰듯 썼습니다. 그 결과 대기 중 이산화탄소의 농도가 근대 이전의 280ppm보다 약 100ppm이 증가하였고, 지구의 온도 역시 약 0.8도 높아진 상태가 되었습니다. 이 상태가 지속된다면 2050년 이산화탄소 농도는 약 560ppm에 달하고 지구의 온도는 4도에서 6도가량 오를 것으로 과학자들은 예측하고 있습니다. 이는 인류의 생존에 재앙이 되기에 충분한 수치라고 합니다.

따라서 과학자들은 이산화탄소의 농도를 최소한 450ppm 이내로 막고, 지구 온도 상승 역시 2도를 넘지 않도록 해야 한다고 충고하고 있습니다. 그럼에도 불구하고 이산화탄소 발생에 가장 큰 책임이 있는 미국과 중국이 눈앞의 이익 때문에 기후변화협약의 진전을 뒤로 미루고 있고, 이산화탄소 발생 10위 국가인 우리나라도 책임을 회피하기는 마찬가지입니다.

이 같은 상황에서 일개 구청장이 할 수 있는 일은 무엇일까요?

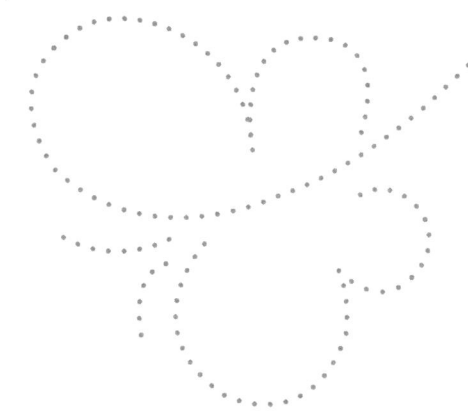

    우선은 구청에 '지속가능발전위원회'를 두고, 이 조직을 중심으로 노원구민과 청소년들에게 체계적인 환경교육을 할 수 있는 교육장을 만들기로 계획했습니다. 그로부터 1년여 기간의 노력 끝에 2012년 2월 국내에서 처음으로 화석연료를 쓰지 않는 에너지 제로 하우스 개념의 '노원에코센터'가 문을 열었습니다. 오픈한 지 얼마 되지 않았지만, 이 센터는 이미 구민들과 환경을 걱정하는 모든 사람들에게 지속 가능한 대한민국을 상징하는 공간이 되었습니다.

    노원구청에서는 작년부터 비가 오더라도 우산 포장 비닐을 제공하지 않고 있습니다. 구청 로비에 빗물이 떨어져 다소 불편하더라도 1회용 비닐 사용을 최소화하기 위함입니다. 그리고 구청의 모든 행사 때마다 1회용품 사용을 최소화하고 있습니다. 작은 실천이지만 중국집을 필두로 하여 가정에 음식을 배달할 때 나무젓가락도 제공하지 않고 있습니다. 생태발자국을 줄이는 일은 불편합니다. 그러나 불편하게 살아가는 것이 오히려 더 행복하다는 것을 느끼는 분들이 노원에서 차츰 늘어나는 것이 저로서는 큰 기쁨입니다.

    노원구의 제안으로 전국의 44개 기초자치단체가 참여한 '탈핵, 에너지 전환 도시 선언'도 같은 맥락입니다. 2011년 3월 후쿠시마 원전 사

고 이후 세계가 모두 원자력발전 계획을 중단하거나 축소하고 있음에도 불구하고 유독 우리나라는 원전 확대 정책을 고수하고 있습니다. 이러한 상황에서 저는 자치단체가 솔선하여 수요 절감과 재생에너지 확대를 위해 노력하는 모습을 보여 주는 것이 필요하다고 생각했던 것입니다.

바둑을 두다 보면 가끔 외길 수순인 경우가 있습니다. 지금 지구촌의 에너지 정책이 그와 같다고 생각합니다. 원자력에 의존하지 않으면서 이산화탄소 발생을 최소화하는 길은 거의 외길 수순입니다. 에너지 수요 절감을 바탕으로 햇빛과 바람과 파도의 자연에너지를 수소와 전기 에너지로 바꾸는 데 집중적인 투자를 아끼지 말아야 하는데, 이는 국가의 일이기도 하지만 먼저 절박성을 느끼는 사람이 나서야 할 문제이기도 합니다.

**삽질보다는 사람이 우선**

제가 구청장 선거에 나섰던 2010년 지방선거는 '무상급식'으로 상징되는 복지 아젠다가 그동안 단골메뉴였던 경제나 성장 공약을 뒷전으

로 밀어낸 첫 번째 선거였습니다. 2007년 대통령 선거 당시 이명박 후보의 '747'(7% 성장, 국민소득 4만 달러, 7대 강국)이나 2008년 18대 국회의원 선거에서의 '뉴타운 개발'과 같은 성장 공약이 주민들의 지지를 더 이상 받을 수 없게 된 것이죠.

저는 이와 같은 상징적 변화를 '삽질보다 사람이 우선입니다'라는 구호로 표현했습니다. 제가 '삽질'이라는 표현을 사용한 것은 이명박 대통령이 다수 국민의 반대에도 불구하고 4대강 사업을 강행하고 있었기 때문이기도 했지만, 구 차원에서 보면 늘 연말만 되면 멀쩡한 보도블록을 교체하는 것에 대한 주민들의 불만이 크다는 것을 잘 알고 있었기에 이를 에둘러 표현한 것이기도 했습니다.

실제로 선거운동 당시 '제가 당선되면 절대로 멀쩡한 보도블록을 교체하는 데 주민들의 혈세를 낭비하지 않겠다. 그 돈 있으면 교육과 복지에 투자하겠다'고 유세하는 대목에서 많은 주민들이 공감을 표해 주셨습니다.

구청장이 된 첫 해에 가장 먼저 중점을 둔 일이 복지 행정체계를 구청 중심에서 동 중심으로 바꾸는 일이었습니다. 노원구청 1년 예산 약 4,200억 중에 50%가 넘는 예산이 복지 분야에 쓰이고 있음에도 불구하고 주민들의 체감도는 매우 낮았기 때문이죠.

체감도가 낮은 이유야 여러 가지가 있겠지만, 저는 기본적으로 인구 61만의 구청이 일선의 복지 행정을 담당하기에는 규모가 너무 크다고 보았습니다. 실제로 노원구의 동이 19개인데, 제일 적은 동의 인구가 2만 명이고 많은 동은 4만 7천 명에 이릅니다. 동의 인구가 어지간한 지방의 군 인구보다 많습니다. 그렇다면 인구가 많은 대도시의 자치구는 지방의 군과 인구 규모가 유사한 동 주민센터에서 복지 업무를 담당하는 것이 필요하다고 판단했습니다.

이 문제를 해결하기 위해 우선은 구청의 다른 분야 인력을 마른걸레 짜듯 하여, 동에서 복지 업무를 담당할 공무원 3명씩을 늘렸습니다. 한편 그동안 행정의 보조인력 역할을 담당했던 통장의 주요한 역할을 복지 도우미로 변경했습니다. 그리고 전국에서 처음으로 동 단위 복지협의회를 구성했습니다. 또한 공적 영역에서 지원이 불가능한 복지 사각지대의 주민들과 그 자녀들을 위해 구 단위의 '노원교육복지재단'을 만들었습니다.

이렇게 복지 전달체계가 개편되자 이름 그대로 찾아가는 복지, 그물망이 촘촘한 복지를 실행하는 것이 가능해졌습니다. 동장을 포함하여

늘어난 복지 전담 공무원은 통장들과 함께 어려운 이웃을 직접 찾아갈 수 있게 되었고, 이곳에서 도움이 필요한 가정이 발견되면 동 복지협의회에서 대책을 세우고, 동 단위에서 지원이 어려운 경우에만 구청 단위에서 지원하거나 교육복지재단에서 지원하는 시스템이 도입된 것입니다. 이 시스템은 보건복지부의 주요 벤치마킹 사례가 되었고, 국무회의에도 보고되어 복지 전담 공무원이 증원되는 데 중요한 계기가 되었습니다.

자치구에서 처음으로 시행한 대한민국의 가장 부끄러운 기록인 자살률 세계 1위의 오명을 벗기 위한 '생명 존중, 자살 예방사업', 심장마비 사고를 최소화하기 위해 심폐소생술 상설 교육장을 만드는 일, 구민 모두가 100세까지 건강하게 살 수 있도록 체력측정부터 건강처방까지를 무상으로 실시하는 일 등도 모두, 삽질보다 사람을 우선하겠다는 생각으로 시작한 일입니다.

현재 한국 사회에서 가장 시급하게 해결해야 할 과제를 한 가지만 꼽으라면 저는 비정규직 문제 해결이라고 생각합니다. 구청장이 돼서 보니 현관에 들어서면 가장 먼저 만나는 안내 도우미, 가장 일찍 출근하는 청소부, 주차장을 지키는 시설관리공단 직원 등 제가 만나는 상당수

의 식구들이 비정규직이었습니다. 특히 용역회사에서 파견된 직원은 인건비의 30%가량을 용역회사 수수료로 떼고 임금을 받고 있어 열악하기 그지없었습니다. 우선 가까운 식구들부터 고용을 안정시키기로 했습니다. 다행히 노원구의 작은 노력은 전국의 지자체로 번져 공공부문 비정규직의 정규직 전환의 신호탄이 되었습니다.

**편한 의자와 백척간두진일보**

최근 취업 희망자들의 직업 선호도 1위 직종이 공무원입니다. OECD 국가 중 직업 안정성이 가장 낮은 나라인 까닭에 공무원이 졸지에 청소년들에게 가장 하고 싶은 직업이 되어 버렸습니다. 그렇지만 여전히 공무원이란 직종에 대한 국민의 감정은 썩 좋은 편이 못됩니다. '무사안일, 복지부동, 철밥통'의 이미지가 남아 있기 때문이죠.

저도 주민의 선택을 받아 4년 계약직 공무원이 되고 보니 1,350명이나 되는 일반직 공무원과 '어떻게 소통할 것인가'가 중요한 화두가 되었습니다. 세상일이란 혼자 다 할 수 없고, 더불어 일할 훌륭한 시스템을 만드는 것이 중요합니다. 하지만 그 시스템도 결국 사람(공무원)이

운영하는 것이니 결국 늘 사람이 중심인 셈입니다.

제가 구청 공무원에게 취임 첫해에 강조한 것은 '편한 의자'였습니다. 헌법 제1조 2항(대한민국의 권력은 국민으로부터 나온다)과 헌법 제7조 1항(공무원은 국민의 봉사자이다)의 정신을 조합하면 공무원의 지위와 역할이 명확해집니다. 저는 그것을 주민들이 언제나 쉬어 갈 수 있는 '편한 의자'로 표현했습니다.

공무원은 그 직의 특성상 보수적이거나 수동적입니다. 돌다리도 두드려 건너야 하고, 위에서 시키지 않는 일을 자발적으로 하는 경우가 드물죠. 그래서 편한 의자가 안착된 이듬해인 2011년에는 '백척간두진일보'(百尺竿頭進一步)를 강조했습니다. 백척이나 되는 대나무 끝에 가부좌를 틀고 있는 것은 진정한 깨달음이 아니라는 것이죠. 중생을 구제하기 위해 그로부터 1보 더 전진하는 것이 진정한 깨달음이라는 중국의 고사를 인용하여, 그와 같은 공무원이 되어 달라고 요청했습니다.

2012년부터는 "내 삶의 든든한 이웃, 노원구청이 되겠습니다."를 구정 슬로건으로 정했습니다. 저는 구청이 단순히 행정을 하는 곳이 아니어야 한다고 늘 강조합니다. 정부나 광역자치단체가 국정이나 시정의 큰 방향을 정한다면, 이를 실행하는 최종 단위는 기초단체입니다. 양극화의 확산으로 주민의 삶이 팍팍해져 누군가에게 기대고 싶을 때, 구청은 주민의 든든한 후원자이자 기댈 언덕이 되어야 합니다.

도시의 익명성 속에 숨어 있는 이기심을 줄이고 공동체를 확대하는 일, 황금만능과 효율 중심 사회에서 공존과 협동의 새로운 사회로 전진하는 일은 멋진 건물이나 새로운 도로를 놓는 일보다 훨씬 중요한 일이라고 생각합니다.

**나비효과**

북경에 있는 나비의 날갯짓이 뉴욕에 허리케인을 일으킬 수 있다는 나비효과. 노원구의 2년간의 실험이 나비효과가 될지 아니면 찻잔 속의 태풍이 될지 아직은 알 수 없습니다. 그러나 그 실험이 계속해서 쌓이면 언젠가 거대한 태풍이 되어 세상을 변화시키는 시대의 바람이 되리라고 기대해 봅니다.

이 자리를 빌려 지난 2년간 함께해 준 노원구민께 깊은 감사를 드립니다.

# 제1부

# 내 삶의
# 든든한 이웃

# 한 생명을 살리는 일은 우주를 살리는 일
―자살예방사업

대한민국에서 가장 부끄러운 기록을 한 가지만 꼽으라면 아마 자살률 세계1위라는 통계가 아닐까 싶습니다. 우리나라 자살률 추이를 살펴보면, 1997년 이전에는 인구 10만 명을 기준으로 10명 수준으로 OECD 평균 수준이었습니다. 그러나 외환위기 직후 18명 수준으로 올라갔고, 2003년 카드대란으로 신용불량자가 속출하면서 20명대를 넘어서더니, 2008년 세계 금융위기를 거치면서 급기야 30명대를 돌파하고 말았습니다. 이 수치는 OECD 평균 자살률 11.2명보다 3배가 많은 숫자일 뿐 아니라, 2위 국가인 일본이나 헝가리의 20명 수준보다 무려

〈표 1〉 우리나라 연도별 자살률　　　　　　　　　　(인구 10만명당)

| 연도 | 1992 | 1995 | 1998 | 2001 | 2004 | 2007 | 2009 |
|---|---|---|---|---|---|---|---|
| 자살률 | 8.3 | 10.8 | 18.4 | 14.4 | 23.7 | 24.8 | 31.0 |

10여 명이나 많은 수치입니다. 노원구도 사정이 다르지 않았습니다.

**이틀에 1명씩 자살하는 노원구**

취임 초 노원경찰서에 행사가 있어 방문했을 때의 일입니다. 그때 서장실에서 이용표 서장과 차를 한잔 마시게 되었습니다. 초면이었지만 이 서장은 구수한 경상도 말씨에 강직하면서도 온화함이 동시에 느껴지는 풍모라 편하게 대화를 하게 되었습니다. 동네에 관한 이런저런 얘기 끝에 이 서장은 노원구의 자살사건이 이틀에 한 명꼴로 발생하여 연간 180명이나 자살을 한다며 걱정이라고 말했습니다.

순간 몇 년 전 노무현 대통령의 참여정부에서 제가 청와대 정책조정비서관으로 근무할 때의 일이 떠올랐습니다. 지금보다는 덜했지만 당시에도 자살률이 눈에 띄게 증가할 때라 대통령을 포함하여 온 나라가 걱정을 크게 하고 있었습니다. 보건복지부 담당자에게 자살 예방대책을 만들어 보라고 지시를 하여 보고서를 받아 봤습니다.

보고서의 요지는 우선 광역 단위로 '자살 방지 응급센터'를 만들겠다는 것이었습니다. 누군가 한강대교 철제 아치 위에 올라가 자살을 하려고 하면 최단 시간 내에 출동하는 시스템을 만들어 자살자의 생명을 구하겠다는 것이었지요. 저는 자살의 최종 단계는 우울증과 개인의 결단(?)이지만 자살을 사회적 문제로 접근하지 않고, 개인적 문제로 접근하면 해결의 실마리가 나오지 않는다고 생각해 온 터라 결국 복지부의 보고서를 차마 대통령께 보고 드리지 못하고 그냥 덮어 버렸습니다. 그때 상황이 기억창고에서 튀어나왔던 것입니다.

저는 이 서장과 노원구부터 자살률을 낮춰 보자고 의견을 나누고 경찰서를 나섰지만 고민이 컸습니다. 국가 차원에서도 제대로 하지 못하는 일을 구청 차원에서 할 수 있을까? 자살에 이르는 경로는 개인마다 다양하겠지만 대부분의 경우 근본 원인은 빈곤과 고독일 것입니다. 이 문제는 우리 사회가 급속하게 신자유주의 체제에 편입되면서 생긴 일인데, 국가 차원에서 복지제도가 개선되지 않고서 이 문제를 해결할 수 있을까? 고민이 꼬리에 꼬리를 물며 일어났습니다.

그러나 망설이고 있을 수만은 없었습니다. 우리가 노력하여 단 한 명의 생명이라도 살릴 수 있다면 그 자체로 소중한 일이 아닐까 싶은 생각에 무모한 도전을 하기로 마음을 먹었습니다.

전문가 간담회를 몇 차례 가져 보니 정책상의 허점이 여러 군데 발견되었습니다. 가장 자살 가능성이 높은 자살 시도자의 정보는 어디에 있을까요. 바로 병원에 있습니다. 그런데 병원의 정보는 사생활정보 보호 차원에서 구청과 공유되지 않고 있었습니다. 따라서 자살 시도 환자가 퇴원을 하고 나면 사실상 방치되고 있었습니다.

자살은 전염병과 유사한 점이 있어 자살자 주변에서 연이어 발생할 가능성이 높습니다. 그래서 자살자 유가족에 대한 치유가 매우 중요합니다. 그런데 자살자 유가족의 정보는 경찰에 있습니다. 이 역시 구청과 정보가 공유되지 않고 있었습니다. 따라서 자살자 유가족에 대한 심리적 치유는 시행되지 못하고 있었습니다.

자살자를 연령대별로 구분해 보면, 60대 이상 자살자가 가장 많은 비중을 차지하고 있습니다. 자살 원인별로 보면 신병 비관이 압도적인 비율을 차지합니다. 이 두 가지를 연결해서 분석하면 '지병을 앓고 있는 노인'의 자살이 가장 심각하다는 것을 알 수 있습니다. 그렇지만 이러한 노인 자살에 대해 노원구 차원에서는 일부 연구 차원의 접근은 있었지만 전체적으로 그들에 대한 돌봄 서비스는 진행되지 않았습니다.

직업군별로 분석하면 실직자나 비정규직 노동자가 생활고 때문에 자살하는 경우가 압도적으로 많습니다. 또한 학업 스트레스에 시달리는 학생의 자살도 꾸준하게 증가하는 추세를 보이고 있습니다. 그러나 이들에 대한 대책이 전무한 것 또한 마찬가지였습니다.

**구의회를 설득하다**

2009년 서울시 25개구 통계를 보니, 노원구의 자살률이 29.3명으로 상위권인 반면 서초구는 15명으로 가장 낮았습니다. 서울시의 강남과 강북 사이에 생활수준의 격차가 크다는 것은 이미 알려져 있었지만, 사람의 생명과 관련된 격차도 2배에 이르는 것이 충격이었습니다. 우리는 '자살' 하면 대개 청소년 자살과 노인 자살에 관심을 갖습니다. 하지만 실제 통계를 보면서 우리 사회의 축을 이루는 중장년층의 자살이 50%에 이른다는 사실도 자못 충격이었습니다.

목표를 정했습니다. 2017년까지 OECD 평균까지 자살률을 낮추도록 하되, 제가 책임 있게 일할 수 있는 임기 마지막 해인 2014년의 목표를 서초구 수준인 15명까지 낮추기로 계획을 세웠습니다.

그런데 이때 생각지도 못했던 암초를 만났습니다. 조례를 제정하려고 구의회에 조례안을 제출했더니 구의회에서 이 안을 상임위원회에서 부결시킨 것이었습니다. 구의회의 구성을 보면 제가 속한 민주당이

〈표 2〉 노원구의 자살 연령 분포 및 원인 분석 (단위 : 명/%)

| 성별 | | 연령별 | | | 원인별 | | | | | |
|---|---|---|---|---|---|---|---|---|---|---|
| 남성 | 여성 | 10대 | 20~50대 | 60세 이상 | 신병비관 | 생계곤란 | 우울증 | 가정불화 | 성적비관 | 기타 |
| 346 (62.1) | 211 (37.9) | 26 (4.7) | 320 (57.5) | 211 (37.8) | 309 (55.5) | 101 (18.1) | 74 (13.3) | 54 (9.7) | 6 (1.1) | 13 (2.3) |

\* 노원구의 2007~2010년 자살자 총 557명을 유형별로 분류한 것이다.

11명, 지금은 새누리당이 된 한나라당이 11명이었지요. 더구나 자살 예방 조례를 다룰 상임위에서는 한나라당이 1석 더 많은 상황이었습니다. 한나라당 소속 의원들이 모두 반대하는 바람에 부결된 것이지요.

제가 사정을 알아봤습니다. 물론 보건소장의 제안 설명이 부실했던 측면이 있었습니다. 하지만 근본 원인은 한나라당 의원들이 상대당 소속 구청장을 한번 '혼내겠다'는 정치적 계산에 있었던 것 같습니다. 문제가 그렇다면 본회의에 직접 상정해도 마찬가지일 것 같았지요. 그래서 구의회 해당 상임위에 제가 직접 참석해서 부결시킨 이유를 물어봤습니다.

"아니, 이 조례는 정치적 성격을 띤 것도 아니고 구민들 살려내자는 것인데 왜 반대를 하십니까?" 하고 물었더니, 이런저런 이유를 댔지만 제대로 답변을 못하더군요. 이후에 저는 복지와 관련된 행사에 참석하면 '우리나라에 자살률이 이렇게 높다. 그래서 구에서 이 문제를 해결하려고 하는데 조례도 통과시켜 주지 않는다. 이게 말이 되느냐.'는 식으로 말했습니다. 그 자리에 참석한 한나라당 의원들도 자신들의 반대에 명분이 없어 무안해했죠. 결국 조례를 통과시켜 주었습니다.

어쨌든 뜻밖에 만난 암초인 구의회가 결국 협조해 주어 조례를 만들었습니다. 이제 실행이 문제였습니다. 먼저 응급실이 있는 대형병원, 응급환자를 병원까지 데려다 주는 소방서, 그리고 자살 정보를 가지고 있는 경찰서와 당사자의 동의를 전제로 정보를 공유하는 MOU(양해각서)를 체결했습니다. 그리고 조금 무식한 방법 같았지만, 각 동의 통장을 통하여 노원구에 사는 모든 독거노인을 대상으로 우울증 진단을 실시했습니다. 실업자는 고용안정센터에 의뢰하였고, 학생들은 교육청과 협의하여 정신건강 상태를 살펴보았습니다.

이런 과정을 통해 우울증이 의심되는 분들은 주의군과 관심군으로 분류하고, 주의군은 노원정신보건센터에서 직접 책임 상담과 치료를 하는 한편, 관심군으로 분류된 분들은 노원의 기독교, 불교, 천주교 등

2011년 1월 28일 생명존중문화 조성 및 자살 예방을 위한 생명존중위원회를 발족시켰다. 구청장을 위원장으로 구의원, 노원경찰서장, 노원소방서장, 북부교육지원청장, 관내 응급병원장, 종교단체 지도자, 교수, 변호사 등 28명의 위원으로 구성되었다.

3대 종단에서 추천된 생명지킴이 자원봉사자 분들이 주간 단위로 방문하는 시스템을 만들고 실행했습니다.

그로부터 약 1년 6개월의 시간이 흘렀습니다. 아직 공식통계는 아니지만 2011년 노원의 자살자가 2009년 180명에 비해 약 50명 이상 줄어든 것을 확인할 수 있었습니다. 특히 노인 자살률이 현격하게 줄어들고 있었습니다. 자식이 찾지 않더라도 이웃이 조금만 관심을 가진다면 자살하지 않을 많은 어르신들이 그동안 사회의 무관심 속에 방치되어 왔던 것입니다.

노원의 '무모한 도전'이 조금씩 성과를 보이자, 중앙정부의 보건복지부와 서울시 그리고 각 지자체들이 노원구의 활동에 관심을 가지기 시작했습니다.

2011년 7월 14일 홀몸 어르신 대상 휴먼서비스 제공을 위한 생명지킴이 출범식을 가졌다. 생명지킴이는 노원구 3대 종단 신자들과 동복지협의회 의장, 자원봉사자들로 구성되었다.

## 종교계와 하나의 목표로 움직이다

　노원구의 자살예방사업에 가장 높은 관심을 가지고 참여하고 도와주신 분들은 관내 종교계 지도자와 그 신자들입니다.
　노원구 기독교 교구협의회 회장이셨던 문원순 승리교회 목사님은 "교회에서 해야 할 일을 구청에서 하니 고맙다."고 하시면서 교구협의회 연례행사를 '생명존중사업'으로 정해 수백 명의 성도가 참여한 가운데 거리 캠페인을 개최해 주셨습니다. 또 천주교 7지구장이셨던 이성운 신부님은 자신이 군종신부일 때의 경험을 전해 주시는가 하면 때마침 서울대교구 차원에서 생명수호위원회를 결성하는 것을 계기로 전 신자들이 관심을 갖도록 홍보하고 이 사업에 참여하도록 독려해 주

노원구기독교연합회가 2011년 6월 12일 주최한 '생명존중을 위한 자살예방 걷기 캠페인'에는 노원구기독교연합회 목사님들을 비롯해 약 700여 명이 참여했다.

생명지킴이들은 주 1회 이상 홀몸 어르신을 방문해 말벗과 상담 등 정서적인 지원을 하게 된다. 이와 함께 우울증 증상에 대한 진행사항을 수시로 기록하고 자살위험 모니터링을 실시해 노원정신보건센터에 정기적으로 알린다.

셨습니다. 불교연합회 정혜선원의 호연 스님도 법회를 열 때마다 별도로 노원구의 사업을 소개하는 한편, 생명지킴이 활동을 적극적으로 지원해 주셨습니다.

자살을 예방하는 데 가장 효과를 발휘한 사업은 생명지킴이 활동이었습니다. 자살 위험군과 관심군을 매주 1회씩 직접 방문하여 보살피는 활동입니다. 이 생명지킴이 활동은 종교계의 적극적 관심과 참여가 없었으면 불가능한 일이었을 것입니다. 이 자리를 빌려 노원구 3대 종단의 지도자와 그 신자님들께 진심으로 감사를 드립니다.

## 쌍용자동차 해고 노동자 가족의 자살, 대책은?

노원구에서 자살예방사업을 하면서 더욱 가슴 아프게 들은 뉴스가 있습니다. 바로 쌍용자동차 해고 노동자와 그 가족들의 자살 소식이었습니다. 쌍용자동차처럼 사회적 이슈가 되지는 않았지만, 노원구의 중장년층의 자살도 그와 유사한 이유 때문에 극단적 선택을 한 것이라 여겨졌기 때문입니다.

그런데, 문제는 지자체 차원에서 쌍용자동차형 자살에 대한 대책을 세우는 것은 쉽지 않았습니다. 노원구의 고용안정센터에 의뢰하여 실업 상담시 우울증 테스트를 하고는 있지만 응답률도 낮을 뿐 아니라 고용과 연계된 대책을 지자체가 하기에는 한계가 있습니다. 그 결과, 노인 자살률은 통계로도 확인될 만큼 줄어들고 있지만, 중장년층 자살은 여전히 증가하고 있는 통계가 이를 반증하고 있다고 하겠습니다.

OECD 국가 중 고용안정성 꼴찌, 최장 8개월에 최고 120만 원 정도밖에 안 되는 실업급여, 열악한 직업 재훈련과 적극적 노동시장정책 부재 등의 문제를 해결하지 못하면, 중장년층의 자살률을 낮추는 것은 매우 어려운 과제가 될 것입니다.

## 생명과 우주

생물학에서 개체발생은 계통발생을 되풀이한다고 말합니다. 한 생명이 잉태되면 수십 억 년에 걸친 진화의 과정을 그대로 밟아서 세상에 태어나게 된다는 말입니다. 말하자면 하나의 생명은 곧 하나의 지구요 우주인 것입니다. 이렇듯 고귀한 생명이 극단적 선택을 하여 사라진다는 것은 곧 우주가 사라지게 되는 것을 뜻합니다. 우리가 살고 있는 우리은하 안에는 우리은하와 같은 은하계가 1천억 개가 있다고 합니다. 하지만 한 생명의 입장에서 보면, 자신의 생명이 사라지면 우주가 사라지는 것과 같습니다.

따라서 종교적으로는 더 말할 필요도 없지만, 생명을 지키는 일만큼 고귀한 일은 없습니다. 그러나 돌이켜 보면 신자유주의 시대를 사는 동안 우리는 오로지 나와 내 가족만 살피는 데 급급해서 생명의 가치는 뒷전으로 밀어 놓았습니다. 가슴 아픈 일입니다.

이제라도, 국가가 나서서 생명을 지키는 일을 보다 적극적으로 해 나가길 기대해 봅니다.

# 내 손 안의 4분의 기적
## —심폐소생술 상설 교육장

　　상계 8동 주공 10단지 사는 주민인데 남편이 상을 당했다고 해서 조문을 갔습니다. 돌아가신 분은 개인택시를 하시는 분이었는데 성격이 밝고 차분한 편이고 아직 환갑이 채 안 된 나이여서 어떤 연유로 사망을 했는지 안타까운 마음으로 영안실을 찾았습니다.
　　사인은 심장마비였습니다. 평소에 고혈압이 있었는데, TV를 보다가 안방으로 들어가 보니 한쪽으로 누워 잠든 것처럼 보였답니다. 똑바로 누워서 자라고 바로 눕혀 주었는데 몸이 굳어 있어서, 급히 119에 전화를 하고 난 후 인공호흡을 해보려 하니 당황해서 결국 아무것도 하지 못했다고 합니다. 가슴이 아팠습니다. 남편에게 고혈압 질환이 있었으면 평소에 부인이 심폐소생술 교육을 받아 뒀더라면 생명을 살릴 수 있었을 텐데 하는 아쉬움이 진하게 남았습니다.

**심폐소생술만 시행했어도**

이후 통계를 찾아봤습니다. 우리나라에서 매년 심정지로 사망하는 사람은 2만여 명으로 암과 뇌혈관질환에 이어 사망률 3위에 해당하는 주요한 사망요인이었습니다. 노원구에서도 매년 200명씩 소위 심장마비로 세상을 달리하고 있었습니다.

그런데 주목할 사실은 미국의 경우 심정지 환자의 생존율이 8.4%에 달하는 반면 우리나라는 2% 남짓에 불과하다는 점이었습니다. 미국과

〈표 3〉 주요 질환별 사망자 현황 (2010년)

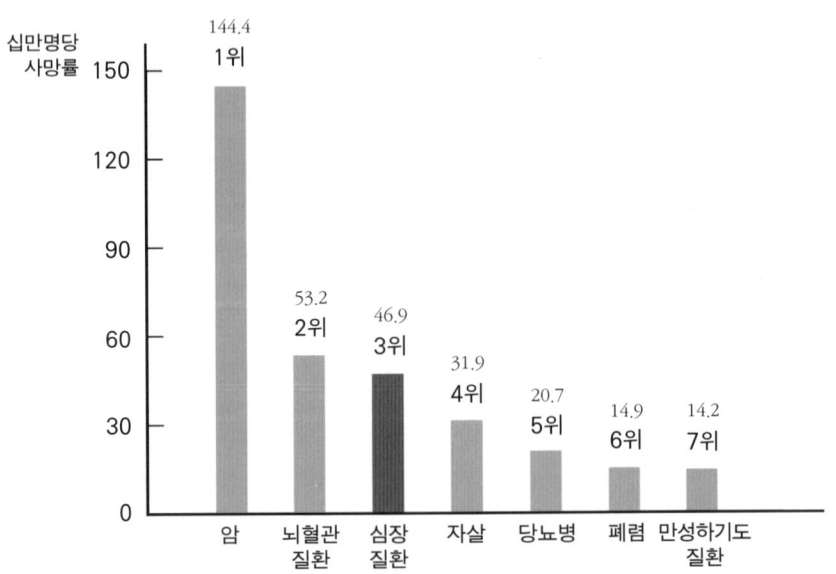

＊출처 : 통계청

한국의 차이는 무엇일까? 예상했던 대로 미국은 일반인의 심폐소생술이 33%에 달하는 반면, 우리나라는 2%에 불과한 것이 가장 큰 차이였습니다.

일반적으로 심장 정지 환자는 70%가 가정에서 발생하고, 적어도 주위에 사람이 있는 가운데 발생하는 경우가 50%에 이른다고 합니다. 그런데 가정의 경우 119에 신고하면 구급대가 도착하는 시간이 서울의 경우 평균 7~8분이 소요되며, 이때 처음 심폐소생술을 시행하면 생존율이 4% 미만이고, 생존하더라도 심각한 뇌손상으로 식물인간이 되기 쉽다는 사실도 알게 되었습니다.

어떻게 하면 좋을까? 응급구조 관련 전문가, 백병원, 을지병원의 담당 의사 선생님들과 대책회의를 열었습니다. 저는 대형병원의 경우 심장질환자의 가족에게는 당연히 심폐소생술을 의무적으로 교육할 것이라고 기대를 했습니다. 그러나 기대와는 달리 실제로는 일반적인 주의

〈표 4〉 나라별 심정지 현황

| 구분 | 미국 (CARES) | 일본 | 호주 (빅토리아) | 싱가폴 | 대만 (타이페이) | 한국 |
|---|---|---|---|---|---|---|
| 심정지 생존 퇴원율 | 9.60% | 1달 생존율 8.8% | 9.70% | 2% (심인성) | 4.90% | 3.00% |
| 일반인 심폐소생술 | 33.3% | 34.80% | 46.80% | 20.60% | 4.20% | 2.00% |
| 연구기간 | 2005-2010 | 2005-2008 | 2002-2005 | 2001.10-2002.4 | 2003-2004 | 2006-2010 |

*출처 : 질병관리본부(2010년 심정지 기초구급 데이터베이스 구축 및 역학지표 산출을 위한 심층분석)

사항만 전달할 뿐이었습니다. 소방서에서는 부정기적으로 교육을 하고 있었지만, 상설적인 교육 시스템은 없었습니다. 그 밖에 민방위교육 과정에 심폐소생술이 들어 있다고는 하나 효과적으로 시행되고 있는 것 같지는 않았습니다.

**방송의 기동성과 구민의 생명**

저는 더 이상 고민할 필요 없이 구청 차원에서 전 구민을 대상으로 하는 상설 교육장을 만들기로 했습니다. 조례를 만드는 일, 예산을 반영하는 일은 크게 어려운 일이 아니었지만, 문제는 장소를 확보하는 일이었습니다. 늘 그렇듯이 지자체가 책임져야 할 일은 많은 반면, 공간

심폐소생술 상설 교육장 개관에 앞서 구청 전 직원이 교육을 받을 때 나도 참여해 같이 교육을 받았다.

은 턱없이 부족한 것이 현실인데, 이 교육장도 마찬가지 상황에 놓였습니다. 취지는 좋지만 장소가 문제였습니다.

다행스럽게도 구청 별관 1층에 우리은행 노원구청지점이 본관으로 이사를 하고 남은 공간이 있었습니다. 원래는 본관 6층에 있던 노원 인터넷 방송국(NBS)이 공간이 협소하고, 현장 출동하기에 기동성이 떨어진다는 이유로 이곳으로 이전하기로 예정되어 있었습니다.

방송의 기동성을 택할 것인가? 노원구민의 생명을 택할 것인가? 좁은 공간에서 고생하는 NBS 직원들에게는 미안했지만 구청장으로서는 구민의 생명을 택할 수밖에 없었습니다. 일단 마음을 정하자 그다음부터는 일사천리로 일이 진행되었습니다. 빈 공간을 교육장으로 새 단장하고, 응급 구조사 두 명을 계약직 공무원으로 채용하고, 교재를 새로 만들었습니다.

### 야구선수 임재혁과 축구선수 신영록의 운명

드디어 실전 연습을 하는 날이 다가왔습니다. 교육장을 정식으로 개관하기 이전에 우선 구청 공무원부터 전원이 교육을 받기로 하고, 저도 교육생이 되어 참여하였습니다.

실전 연습 이전에 보여준 교육비디오에는 야구선수였던 임재혁씨와 축구선수였던 신영록씨의 사례가 극명하게 대비되어 나왔습니다. 두 선수의 공통점은 모두 시합 도중 심장마비로 그라운드에서 쓰러졌다는 사실입니다. 차이점이라면 임재혁 선수는 쓰러진 직후 구급차에 실려 갈 때까지 심폐소생술을 받지 못한 반면, 신영록 선수는 곧바로 심폐소

<표 5> 심정지 발생 건수와 생존율

| 구분 | 전체 | 사망 | | 미상 | | 생존 | |
|---|---|---|---|---|---|---|---|
| | 건수 | 건수 | 백분율 | 건수 | 백분율 | 건수 | 백분율 |
| 전국 | 19,645 | 18,060 | 91.9 | 925 | 4.7 | 660 | 3.4 |
| 서울 | 3,323 | 2,999 | 90.2 | 124 | 3.7 | 200 | 6.0 |
| 노원구 | 191 | 178 | 93.2 | 3 | 1.5 | 10 | 5.2 |

＊출처 : 질병관리본부(2010년 심정지 기초구급 데이터베이스 구축 및 역학지표 산출을 위한 심층분석)

생술을 받았다는 것입니다. 그들의 운명을 어찌되었을까요? 알려진 바와 같이 임수혁 선수는 10년간 식물인간으로 있다가 2010년 세상을 떠났고, 신영록 선수는 사고 후 46일 만에 의식을 회복한 후 현재까지 재활의 땀을 흘리고 있습니다. 신영록 선수 옆에는 신속하게 심폐소생술을 실시한 재활트레이너가 있어서 생명을 구할 수 있었던 것입니다.

실전 교육은 예전과 조금은 달랐습니다. 과거에는 심장 압박과 구강호흡을 번갈아가며 실시를 했었는데 최근에는 구강호흡이 효과가 떨어진다고 하여 심장 압박과 전기충격요법만을 가르쳤습니다. 양손 깍지를 끼고 체중을 실어 100회, 200회씩 심장 압박을 하니 등줄기에 땀이 흥건히 배어 왔습니다. 실제로 긴급상황이 닥치면 내가 과연 할 수 있을까 하는 걱정이 한편에 남았지만 그래도 '백문(百聞)이 불여일견(不如一見)'이라 교육을 받았으니 할 수 있다는 자신감도 한편으로 차올랐습니다.

## 지자체 전국 최초 상설 교육장 개관

2012년 5월 22일, 드디어 개관식을 가졌습니다. 노원구 의사회장, 약사회장, 치과의사회장 등 많은 분들이 지방자치단체 중에는 처음으로 문을 여는 '내 손 안 4분의 기적, 심폐소생술 상설 교육장'의 개관을 축하해 주셨습니다.

노원구에 가장 큰 병원인 상계백병원 김홍주 원장님께서는 심폐소생술 교육장을 둘러보시더니 우리 병원이 해야 할 일을 구청이 해 주니 너무 고맙다고 하셨습니다.

앞으로 이 공간에서는 매일 약 100명의 노원구민이 교육을 받게 될 것입니다. 우선은 고혈압 환자 가족과 통반장이 교육을 받고, 직장인들

2012년 5월 21일 전국 지자체 가운데 최초로 심폐소생술 상설 교육장을 열었다. 사진은 개관식 장면.

을 위해서는 평일 야간 교육과 토요일 오전 교육도 실행할 예정입니다. 그리하여 2010년 기준 3.7%에 그쳤던 최초 목격자 심폐소생술 시행률을 지금의 10배인 37%까지 높여 심정지 환자의 생존율을 미국이나 일본 수준인 10%까지 끌어올리는 것을 목표로 하고 있습니다.

'연습은 실천처럼', '실전에서는 연습처럼' 하기 위해서는 노원구민이면 누구나 심폐소생술 교육을 받기를 희망합니다.

그리고 노원구의 이와 같은 노력이 한 명의 생명이라도 살리는 데 보탬이 될 수 있기를 기대해 봅니다.

## 복지? 체감할 수가 없어요
―동 단위 복지협의체

　　2012년 대한민국의 대표 아젠다는 복지입니다. 불과 10여 년 전만 해도 '복지' 하면 극빈자 구호를 떠올리는 이들이 많았지만, 이제 대한민국 국민은 국민으로서 당연히 누려야 할 권리로서 복지를 생각하게 되었습니다. 참으로 엄청난 변화입니다.

　　돌이켜 보면 2009년에 있었던 교육감 선거에서 김상곤 경기도 교육감 후보가 내세운 무상급식 공약과 이어서 이 문제로 서울시가 주민투표까지 실시하게 되면서 전국적인 이슈가 되었습니다. 올해 연말에 있을 대선에서도 '복지'가 선거 쟁점으로 떠오를 것이 확실시되고 있습니다. 그야말로 복지국가 전성시대입니다.

　　지금 당장 우리가 해결해야 할 복지 목표에는 어떤 것들이 있을까요. 주요한 것들만 예를 들어 보면 다음과 같습니다.

- 미국 다음으로 비싼 등록금 낮추기, 일명 반값 등록금
- 유치원을 포함한 무상급식과 국가부담 확대
- 고교까지 의무교육 확대
- 0세부터 만 5세까지 무상보육
- 보육시설 미이용 아동 등에 대한 아동수당
- 기초노령연금의 범위와 금액 확대
- 활동 서비스 등 장애인 복지 확대
- 의료보험 하나로, 의료의 보장성 확대
- 실업수당의 범위, 기간, 액수를 OECD 평균 수준까지 확대
- 비정규직의 정규직화와 4대보험 지원
- 적극적 노동시장정책을 통한 노동시장 안정

 교육, 노동, 보건, (협의의) 복지를 포괄하는 이러한 정책을 실시하는 국가를 복지국가라고 볼 수 있을 것입니다. 국가적 차원에서 해결해야 될 과제가 참 많기도 하고, 하나하나의 정책마다 수천억 원에서 수조 원의 예산이 필요한 정책임을 한눈에 알 수 있습니다.

**복지정책의 최종 집행기관은 기초자치단체**

 위에 예시한 것과 같은 과제가 정책으로 확정되면 대부분 기초자치단체인 시·군·구를 통해 집행됩니다. 그런데 만약 수십, 수백조 원의 예산이 집행되는 정책이 복지 전달체계가 잘못되어 예산은 예산대로 쓰면서도 주민들이 제대로 체감하지 못한다면 어떨까요?

실제로 공공분야와 민간분야를 망라한 한국의 총복지지출 규모는 1990년 약 6조 원에서 2009년 129조 원으로 21배가량 늘어났음에도 국민들의 복지 체감도는 별반 달라지지 않았습니다.

보건사회연구원 발표에 따르면 우리나라의 사회복지지출을 통한 빈곤 개선율은 2009년을 기준으로 13.9%로 OECD 평균치인 149%의 10분의 1에 불과한 수준이니 어쩌면 당연하다고 하겠습니다.

근본적으로는 국가 차원의 복지예산이 더욱 확대되어야 하지만, 그렇다고 각종 복지수요 1위구인 노원구 입장에서 중앙정부 탓만 하며 손 놓고 있을 수는 없는 일입니다.

〈노원구의 복지 현황〉

- 기초수급권자 2만 1천 명으로 전국 자치구 중 1위
- 등록장애인 2만 8천 명으로 역시 전국 1위
- 초중등 학교 96개, 학생수 10만 명으로 전국 1위
- 국공립보육시설 600여 개로 세계 자치구 중 1위(?)
- 전체 예산 중 복지예산 비중 53%로 서울 25개 자치구 중 1위

저는 우선 복지 전달체계에 문제점은 없는지 점검해 봤습니다. 구청장 취임 이전인 인수위원회 때부터 일선의 복지 담당자들과 도시락 회의를 열기도 하고, 전문가들과도 여러 차례 회의를 열어 현재 수준에서

최선의 방책이 무엇인지 원점에서부터 대책을 고민했습니다. 처음에는 너무 막연했습니다. 그러나 고민의 끝 지점에 도달하니 크게 두 가지 문제점을 확인할 수 있었습니다.

첫 번째 문제는 광역시의 자치구청은 복지를 주민들에게 전달하기에는 너무 큰 단위라는 점이었습니다. 노원구 인구는 61만 명으로 서울에서는 송파구 다음으로 많고 제주도 인구 57만 명보다도 많습니다. 또한 노원구는 19개 동으로 이루어져 있는데, 인구가 적은 동은 2만 명이고 많은 동은 4만 7천 명에 이릅니다. 동 하나의 규모가 어지간한 군 인구와 비슷하거나 오히려 많습니다. 그러다 보니 구청과 주민 간의 거리가 너무 멀었던 것입니다.

이를테면 복지정책의 핵심이라 할 수 있는 어려운 이웃에 대한 사례관리를 구청에서 시행하고 있었는데, 고작 60샘플 정도를 관리하고 있었습니다. 기초수급권자만 2만 명이 넘는데 고작 60샘플을 사례관리하고 있다니 말이 안 되는 상황이었습니다.

두 번째 문제는 동 단위에 복지 담당 공무원이 있기는 하지만 일반 행정업무에 치여 주민들이 체감하는 복지를 시행할 여력이 없다는 점이었습니다. 노무현 정부 시절 동 단위로 복지 전달체계를 확대하기 위해, 동사무소에 6급 팀장 1명을 더 늘려 2명이 되게 했습니다. 그래서 동사무소 체계를 행정민원팀과 주민생활지원팀으로 나누고, 상담실도 설치했습니다. 하지만 늘어나는 복지수요를 행정적으로 처리하는 데 급급할 뿐, 이름 그대로 찾아가는 복지 서비스를 실시한다는 것은 불가능한 상황이었습니다.

특히, 주민 복지를 전담하기 위해 뽑은 사회복지직 공무원 중 상당수는 어느새 일반 행정직과 크게 다르지 않은 복지 행정직이 되어 있었습니다.

### 전국 최초 동 단위 복지협의체 구성

위의 두 가지 문제점을 해결하기 위해 복지 전달체계의 최전선 기구를 구청에서 인구 2만에서 5만 수준인 동사무소로 옮기기로 했습니다. 이름하여 동의 복지 허브화 정책입니다. 이를 위해 우선 구청에서 근무하는 공무원을 마른걸레 짜듯 하여 동별로 3명씩 복지 담당 인력을 늘렸습니다.

이 인력은 찾아가는 복지 서비스를 담당하고, 그 과정에서 지원해야

최일선 행정기관인 동이야말로 공공부조의 사각지대에 있는 틈새계층을 찾아내 스스로 해결하는 복지 시스템을 구축할 수 있다. 사진은 2011년 3월 28일 열린 상계 6·7동 주민복지협의회 발대식.

할 가구가 발견되면 우선 동 단위에서 민관이 협력하여 문제를 해결할 수 있도록 전국 최초로 동 복지협의회를 구성했습니다.

이 동 복지협의회는 동네의 특성을 감안하여 자율적으로 구성하되, 지역사회의 기독교, 불교, 천주교 등 3대 종단은 가급적 당연직으로 참여하도록 했습니다. 즉, 동네의 교회, 성당, 사찰이 참여하도록 한 것인데 여기에는 제 경험이 배경이 됐습니다. 저는 천주교 신자로서 사목위원회에서 기획분과장으로 활동한 적이 있는데, 그때 보니까 성당 1년 예산의 10%는 반드시 사회복지에 쓰게 되어 있었습니다. 그런데 그 예산은 동이나 구청과는 아무 연계도 없이 집행합니다. 그러니까 관청에서 하는 일과 중복이 되기도 하고 효율이 떨어지기도 합니다. 또 교회에서도 무료배식 같은 사업을 하는 데가 많습니다. 사찰도 나름의 사업을 합니다. 그 모든 것들이 서로 연계가 안 된 채 각자 개별적으로 운영되고 있었습니다. 저는 이것을 서로 연계만 시켜 줘도 상당한 효과가 발생할 것이라고 보았습니다.

또 그즈음 우리는 통장을 복지 도우미로 전환하는 정책을 펴고 있었습니다. 그러니까 당연히 통장 대표가 그 협의체에 들어오게 했습니다.

〈표 6〉 동 복지협의회 분야별 구성 현황

| 구분 | 계 | 구의원 | 직능단체 | 종교 | 복지 | 보건의료 | 고용주거 | 문화체육 | 교육 | 기타 |
|---|---|---|---|---|---|---|---|---|---|---|
| 계 | 732 | 62 | 75 | 78 | 132 | 75 | 7 | 45 | 85 | 174 |
| 대표협의회 | 442 | 62 | 66 | 64 | 31 | 31 | 6 | 11 | 46 | 126 |
| 실무협의회 | 290 | 0 | 9 | 14 | 101 | 44 | 1 | 34 | 39 | 48 |

※ 구의원의 경우 지역구가 2~4개 동이어서 중복 집계되어 있음, 구의원 현원은 22명임.

그래서 구청에서 보내준 사회복지인력들이 그들과 협의해서 어지간한 복지 수요는 동 단위에서 다 해결하도록 한 것입니다.

그리고 동 복지협의체에서 해결이 안 되는 것만 구청으로 가져오도록 했죠. 안 되는 일 대부분은 돈이 드는 일입니다. 그러나 구청의 예산도 빠듯합니다. 그래서 돈이 필요한 일을 해결하도록 재단을 만들었습니다. 그것이 노원교육복지재단입니다.

동 복지협의체 사업은 시행 초기에는 시행착오도 있었습니다. 동별 대표협의회를 3개월에 1회 개최하기로 했더니 실질적인 협의회로서의 역할을 하지 못했습니다. 그래서 월 1회 정례회의로 변경하였습니다. 또 복지협의회 회원의 위상을 높이기 위해 회원을 구청장이 임명하였습니다. 그러다 보니 위촉과 해촉의 자율성이 떨어지는 문제도 발생했습니다.

몇 가지 시행착오에도 불구하고, 동 복지협의체 사업은 많은 성과를 보이고 있습니다. 우선 수요자 중심의 방문행정을 사실상 처음으로 실행할 수 있었습니다. 통계만 보더라도 찾아가는 방문복지 실적은 2010년에 비해 12배가 증가한 7,577건이 진행되었고, 복지 사각지대에 연계된 성금이나 물품도 6,244건으로 2010년 대비 1.9배가 증가한 것으로 나타났습니다.

무엇보다도 동장이나 사회복지 담당 공무원이 요구르트 한 병을 들고 집으로 직접 찾아와 어려운 점이 없는지, 몸은 괜찮으신지를 여쭙는 모습을 처음 접하는 기초수급권자나 홀몸 어르신 입장에서는 진짜로 무엇인가 변화하고 있다는 것을 느낀다고 합니다.

## 복지부에서 복지 전달체계 우수 지자체로 선정되다

2010년 12월 14일 보건복지부 진수희 장관이 노원구의 복지 전달체계 개편 사례를 살펴보러 왔습니다.

노원구가 서민들이 많이 사는 동네여서 가끔 겨울에 연탄 배달을 하러 오거나, 복지관을 방문하여 자원봉사를 하러 대통령 영부인이나 장관급이 방문한 적은 있었지만, 노원구의 사례를 보려고 중앙부처 장관이 직접 방문한 경우는 개청 이래 처음 있는 일이라 다소 의외이면서도 기쁜 일이었습니다.

당시 이명박 대통령이 복지 전달체계를 어떻게 바꿀 것인가를 정책

2010년 9월 20일 진수희 보건복지부 장관이 중계3단지 독거 노인세대를 방문했다. 이어 12월 14일에는 서민 복지행정을 혁신적으로 펴고 있는 노원구의 복지전달체계를 살펴보러 노원구를 방문하여 노원구의 모범사례를 전국에 전파하겠다고 말했다.

과제로 주었던 모양입니다. 돈이 크게 안 들면서도 복지행정을 효과적으로 할 수 있는 방법을 생각해 보라는 게 과제였다고 합니다.

그런데 진수희 보건복지부 장관의 정책보좌관이 옛날 청와대 있을 때 저와 같이 행정관으로 있었던 사람이었습니다. 아마도 그 사람을 통해서 노원구에서 복지 전달체계를 그런 식으로 바꾸어서 동 단위까지 한다는 것이 알려졌던 것 같습니다. 복지부 입장에서는 복지 전달체계를 원활하게 하려면 현재의 사회복지 전담 공무원 숫자로는 불가능하므로 숫자 늘려 달라는 요구를 계속해 왔던 차였습니다. 그런데 노원구는 숫자를 안 늘리면서도 동별로 사회복지 공무원들을 3명씩으로 늘리고 동 단위로 복지를 확대한다고 하니까 그게 바로 이명박 대통령이 요구한 것과 맞아떨어진 것이죠.

진수희 장관이 와서 직접 현장을 보고 감명을 받아 돌아가서 국무회의에서 노원구 사례를 보고했다고 들었습니다. 이후 노원구 사례는 다른 자치단체에도 널리 알려지기 시작했습니다. 서울시의 성북구, 도봉구, 서대문구 등 12개 자치구를 비롯한 전국의 지방자치단체가 노원구 모델을 벤치마킹하여 복지체계를 설계했습니다. 보건복지부에서도 희망복지지원단이란 것을 만들었는데 바로 우리 사례를 상당 부분 본뜬 것입니다.

이후에도 노원구의 동 복지협의체 사례는 보건복지부 정책 설명회에서 우수사례로 소개되었고, 대통령 소속 사회통합위원회로부터 사회정책서비스 전달체계 우수기관으로 선정되어 인증패를 받는 영광을 누리기도 했습니다.

## 복지 도우미로 간판을 바꾸다
―통장의 새로운 역할

현재 정부의 예산 중에서 복지비가 차지하는 비중은 해마다 대폭으로 늘어나고 있습니다. 그럼에도 실질적으로는 생활이 어렵지만 정부의 지원을 받지 못하는 이른바 복지 사각지대에 놓인 틈새 계층이 아직도 많습니다. 이를테면 우리는 돌보는 이 없는 독거노인이 홀로 사망한 뒤 며칠이 지나서야 발견되었다는 뉴스를 심심치 않게 듣고 있습니다. 저는 이 문제를 해결하기 위해 무엇이 필요한가를 곰곰이 생각했습니다.

**통장에 주목하다**

동네의 사정을 속속들이 잘 파악하고 있는 사람이 누구일까요? 바로 통장입니다. 통장은 공무원이 아니라 주민으로서 주민을 위해 봉사하는 봉사직입니다.

그런데 여러분은 통장하면 어떤 모습이 떠오르십니까? 제가 어렸을 때만 해도 주민등록을 전출입할 때 통반장의 도장이 필요했던 때가 있었습니다. 반공이 국시이던 시절 일종의 5호 담당제와 같은 역할을 통장이 했었죠. 지금은 거의 유명무실화 되었지만 매월 반상회를 갖고 정부 시책을 전달하던 일도 통장과 반장의 주요한 역할이었습니다.

지방자치가 본격화되기 이전에는 통장이 선거에 깊숙하게 개입하기도 했습니다. 지금은 상상할 수 없는 일이지만, 과거 동장 출신으로 저와 같이 2대 노원구의원을 하셨던 분의 전언에 따르면, 88년 대통령 선거까지도 동 단위로 특정 정당 후보를 지원하는 비용이 상당 액수 내려와 이 돈을 통장을 통해 주민들에게 돌렸다고 합니다. 아무래도 구청이 관장하는 조직 중에 주민과 가장 밀접한 곳이 통장 집단이다 보니 그런 역할이 통장에게 주어졌겠죠.

제가 구청장이 되어 살펴보니 통장은 구 행정의 보조 역할을 담당하고 있었습니다. 통장 조례상 구청의 주요 사항을 주민들에게 전달하거나 의견을 수렴하는 일, 매월 나오는 구청 소식지를 나눠주는 일, 민방위 업무 지원, 각종 위험시설물에 대한 점검 등등이 주요한 임무였지만

〈표 7〉 노원구 예산규모 및 사회복지비 증가현황(2008년 기준)  단위:백만원

| 구분 | 2008년 | 2009년 | 2010년 | 2011년 | 2012년 |
|---|---|---|---|---|---|
| 일반회계예산 | 337,878 | 377,479 (11.7%) | 387,013 (14.5%) | 407,386 (20.6%) | 422,300 (24.9%) |
| 사회복지비 | 158,882 | 174,081 (9.6%) | 183,214 (15.3%) | 210,241 (32.3%) | 220,313 (38.7%) |

인터넷이 발전하면서 과거에 비해 행정 보조로서의 역할은 많이 줄어들어 있었습니다.

시대는 변화했는데, 통장은 그대로였던 것입니다. 저는 통장의 역할도 시대 조류에 맞게 변화시켜야 한다고 생각했습니다. 노원구의 형편을 살피면서 통장이 무슨 역할을 하면 좋을까 깊이 생각했습니다.

**행정의 보조자에서 지역 복지공동체 복원의 첨병으로**

이 무렵 언론에는 하루가 멀다 하고, 양극화의 확대에 따른 서민들의 어려운 생활상이 보도되고 있었습니다. 이에 구청에서는 동 주민센터를 복지 허브로 탈바꿈시키는 사업을 추진하고 있던 중이었습니다.

2010년 10월 1~2일 1박 2일로 서울시 수안보 연수원에서 19개동 통장 120명이 참여한 가운데 '지역사회 복지 도우미로 거듭나는 통장'이란 주제로 통장 워크샵을 열었다.

이러한 상황에서 동네 사정을 속속들이 잘 알고 있는 통장들이 복지 틈새계층과 소외계층을 파악하여 이를 구청과 연계하는 역할을 해주면 좋겠다는 생각이 들었습니다. 통장을 행정의 보조자에서 지역 복지 공동체 복원의 첨병으로 역할을 전환하는 것이죠. 그래서 이름도 통장에서 '복지 도우미'로 바꾸기로 했습니다.

우선 당사자인 통장들에게 '복지 도우미'로 전환하는 것에 대한 의견을 물어봤습니다. 그랬더니 의외로 노원구 19개 동에서 활동하는 통장 676명 중 92.8%인 628명이 찬성 의견을 주었습니다. 아무래도 새로운 일이 추가되는 것을 부담스러워 할 것 같아 걱정했는데, 그런 걱정을 당사자들이 말끔히 씻어 주었습니다.

2011년 3월 16일 복지 도우미 현판식에서 공릉 1·3동 10통장 이한순 씨에게 복지 도우미 문패를 전달하고 있다.

마침내 2010년 12월, 전국에서 처음으로 노원구 통반 설치 조례를 개정하여 통장의 임무조항(제6조)에 '마을공동체 형성을 위한 보건복지 도우미 역할 수행'이라는 내용을 추가했습니다. 그리고 각 마을의 통장님이 살고 있는 집의 현관에 '복지 도우미'라는 문패를 걸어 주었습니다.

사실 동네 사람들은 통장에 대해 시기심 비슷한 감정을 가진 이들이 많습니다. 특히 지역에서 봉사하시는 분들은 자신이나 통장이나 다 봉사자인데 통장은 정부에서 한 달에 이십 몇 만 원이라도 받으니 더 열심히 해야 하는 것 아니냐 하는 식으로 바라봅니다. 그러니 통장들은 열심히 봉사하면서도 대접은 별로 못 받는 셈입니다.

그래서 저는 그분들이 자긍심을 갖도록 하는 것이 아주 중요하다고 생각했습니다. 그것이 바로 '복지 도우미' 문패 달아주기 사업이었던 것입니다. 실제로 이후 통장들은 자신이 하는 일에 자부심을 갖게 되었습니다. 우리가 돈으로 보상을 할 수는 없지만, 그분들에게 봉사자로서의 자긍심을 가질 수 있도록 작은 배려를 한 것인데 그 효과가 아주 컸던 것입니다.

통장이 마을 공동체 리더이자 복지 도우미로서의 역할을 수행하게 하기 위해서는 교육이 필요했습니다. 이를 위해 1박2일 통장 워크샵을 개최하고 통장 아카데미도 개설하여 통장의 새로운 역할에 대해 교육을 실시했습니다. 교육 내용에는 의사소통 및 갈등 해소 능력 향상 기법 등 복지 도우미로서 필수적인 기능도 포함했습니다.

드디어 실전의 날이 왔습니다. 마침 구에서 의욕적으로 추진을 개시

한 자살예방사업의 일환으로 혼자 사는 어르신을 대상으로 우울증 테스트를 하는 임무가 처음으로 주어졌습니다. 그동안 정신보건 전문가들이 해왔던 설문조사를 통장들이 하게 된 것입니다. 무려 1만 명이 넘는 어르신들이 설문에 응했고, 그분들 중에 1천여 명이 주의군과 관심군으로 분류되었습니다. 이렇게 분류된 분들은 종교기관에서 추천된 생명지킴이와 연계되었고, 생명지킴이가 그분들을 정성껏 돌본 결과, 노원구의 자살률이 2009년 180명에서 2011년 128명으로 낮아지는 데 결정적인 공헌을 하게 된 것입니다.

노원구의 2012년 구정목표가 "내 삶의 든든한 이웃, 노원구청이 되겠습니다"입니다. 통장들은 동에 추가로 배치된 사회복지 전담 공무원과 함께 지역사회의 어려운 이웃을 돌보는 일을 제일선에서 진행하고

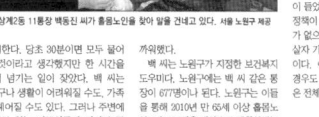

2012년 2월 4일자 동아일보 1면에 실린 복지 도우미 활약에 관한 기사. 상계2동 11통장 백동진 씨(43)의 홀몸 노인 방문 활동을 비롯해 노원구의 복지 도우미를 활용한 생명존중 및 자살예방사업을 자세히 소개했다.

있습니다. 이분들이 2012년 상반기까지 위기가정을 발굴하여 구청이 지원하도록 연계한 일이 무려 739건이나 됩니다. 통장이 복지 도우미로 변신하지 않았으면 불가능한 일이었습니다.

통장이 복지 도우미 역할을 수행한 대가로 받는 금전적 보상은 아주 작습니다. 현재 노원구 통장들의 활동비는 기본수당, 회의수당, 상여금을 평균하면 월 273,000원입니다. 여기에 신설된 조례에 따라 복지 도우미 수당이 월 1만원이 추가됩니다. 아주 미미한 보상입니다. 하지만 통장들은 자신의 복지 도우미 역할로 마을 공동체가 한층 밝아진 데 대한 자부심만으로도 충분한 보상을 받았다고 말합니다.

저는 매월 한 번 모범 통장들하고 점심을 같이 먹는 시간을 갖습니다. 각 동에서 활동하시는 약 20여 분들과 돌아가며 만나는 겁니다. 그 만남에서 그분들이 복지 도우미로 활동하는 것에 감사드리고, 또 그분들이 겪는 애로 사항을 듣습니다. 그렇게 하니까 일이 늘어난 것에 대한 불만도 많이 줄더군요.

노원구는 월 1만원의 수당으로 677명의 복지 도우미를 새로 얻게 되었습니다.

## 실개천에서 용이 나오려면
— 노원교육복지재단

　　취임 초부터 복지 전달체계를 구 단위에서 동 단위로 전체적으로 바꾸는 작업을 하면서 여러 외부 인사들과 토론을 많이 했습니다. 그 가운데 복지의 사각지대에 있는 어려운 사람들의 문제가 화두가 되었습니다.
　　구청이 시행하는 복지정책의 대부분은 중앙정부로부터 위임 받은 것입니다. 그 정책의 수혜 대상은 법률과 규정에 따라 정해지는데 대부분 기초생활수급자에 집중됩니다. 그러나 여러 가지 사정 때문에 법률과 규정의 범위 밖에 존재하는 어려운 이웃이 기초생활수급권자보다 더 많았습니다. 이들에 대한 돌봄을 어떻게 실현할 것인가가 고민이었던 것입니다.

## 지역의 문제는 지역에서 해결한다

한번은 외부 전문가들과 토론을 하는데 그 자리에 성공회 나눔의 집 송경용 신부님이 참석했었습니다. 송 신부님은 그 직전에 영국 유학을 갔다 온 참이었습니다. 그분이 영국에 가서 봤더니 지역 단위의 재단이 굉장히 많더라는 얘기를 했습니다. 자금의 모금과 배분을 지역 안에서 다 하면서 지역의 양극화 문제를 스스로 해결하는 사례가 많다는 것입니다. 저는 우리도 그 모델을 따라 배우자고 했습니다.

우리나라에도 복지의 사각지대는 넓습니다. 지역의 독거노인 중에는 자녀가 있지만 부양을 받지 못하는 경우가 있습니다. 그분들은 자녀가 있다는 이유로 기초수급 대상자에서 제외되기 때문에 생활 형편은 기초생활수급자보다 더 어려운 경우도 많습니다. 언론 보도를 통해 장애아를 키우던 50대 남성이 아들이 복지 혜택을 받게 하려고 자살했다는 충격적인 사건이 알려지기도 했습니다.

또 중산층 수준이던 가정이 갑작스런 사고를 당해 경제적으로 어려운 사정에 빠지는 경우도 있습니다. 집은 한 채 있지만 가장이 갑자기 뇌졸중으로 쓰러지면 어떻게 되겠습니까? 돈벌이를 못하니까 병원비는 댈 수 없고, 집이 있어서 기초수급권자 등록은 안 되고 발만 동동 구릅니다. 저소득층 가정에서는 아이들의 교육을 위해 힘쓸 여력이 없습니다. 이는 '가난의 대물림'으로 이어질 수밖에 없습니다.

이렇게 복지의 사각지대에 있는 사람들을 중앙정부가 모두 세세하게 보살필 수는 없습니다. 그들과 밀착돼 있는 지역에서 현황을 파악하고 실정에 맞는 사업을 실시해야 합니다. 지역 단위의 복지재단이 할 일이 바로 이것입니다.

## 교육복지재단을 설립하다

교육복지재단과 같은 기구 설립이 민선 5기 들어 처음 시도한 일은 아닙니다.

민선 1기 최선길 구청장 시절 '노원애향장학회'라는 이름의 장학재단을 만들었습니다. 그런데 불행하게도 선거법 위반으로 재직 도중에 구속이 되는 바람에 4억 원 가량의 기금만 적립되어 장학재단의 역할을 다하는 데는 부족함이 많았습니다. 전임 구청장 시절에도 수백억 규모의 장학재단을 만들려고 노력했지만 1억 원의 기금만을 조성한 후 중단되고 말았습니다.

그러니까 지역 단위의 재단 설립을 시도는 했지만 성공하지 못했던 것입니다. 다른 지역의 현황을 살펴봤더니 전국적으로는 약 20개 정도의 재단이 있었습니다. 서울에도 자치구에 두 군데가 있고 서울시에도 복지재단이 하나 있습니다.

사정이 이러하다면 노원구에도 재단을 하나 설립하는 것이 가능하다는 결론을 내렸습니다. 연구를 해보았더니 재단 설립에 약 20억 원 정도의 출연금이 필요했습니다. 이 돈을 어떻게 마련하는가가 문제였습니다.

어느 자치구의 경우는 출연금과 사업비를 거의 모두 구 재정에서 출연하는 것으로 확인됐습니다. 그런데 그렇게 하려면 굳이 재단을 만들 필요가 없을 것 같았습니다. 그냥 구청 사업으로 하면 되는 것이죠. 그렇다고 민간에서 20억 원 전액을 출연하게 한다는 것도 실현 가능성이 없었습니다.

그래서 우리 노원구에서는 구청에서 15억 원을 출연하고 민간에서 5억 원을 모금하기로 했습니다. 그리고 최소한의 인력으로 운영을 하는 조건에서 운영비는 구가 지원을 하기로 했습니다. 사업 설계는 구민들로부터 모금한 돈은 전액 다 구민들에게 돌아갈 수 있도록 짜는 것을 원칙으로 했습니다.

하지만 이 사업에도 넘어야 할 벽이 있었습니다. 바로 조례를 통과시켜 줄 구의회입니다.

처음 복지재단 설립을 구상할 무렵, 아무래도 의회의 반대가 있을 것 같아 초기 구상 단계부터 진행상황을 의회에 보고하여 사전에 이해와 협조를 구하려고 했습니다. 그런데 2010년 11월 막상 재단 설립 조례안을 구의회에 제출하고 나니, 자살예방사업과 마찬가지로 한나라당 소속 의원들은 한사코 재단 설립을 반대했습니다.

당시 한나라당 소속 구의원들은 재단 설립에 원칙적으로는 찬성하지만 설립 시기를 총선 이후로 미루라고 요구했습니다. 복지재단이 만들어지면 이 재단을 통해 수혜를 받는 사람이 아무래도 총선에 영향을 미칠 것이라고 예상했던 것 같습니다. 구의회 회기 중에 당시 한나라당 갑을병 국회의원들이 모여 조례 통과를 반대하는 결의까지 했다는 얘기가 들리기도 했습니다.

하는 수 없이 저는 구의원뿐 아니라, 노원구를 지역구로 한 한나라당 국회의원 세 분을 일일이 찾아뵙고, 재단 운영을 투명하게 하는 한편, 결코 총선에 재단을 활용하지 않겠다는 약속을 드리기도 했지만 쉽게 동의해 주지 않았습니다. 그 결과 2010년 정기회의는 고사하고 2011년 2월과 4월의 임시회의에서도 조례는 보류되고 말았습니다.

그러던 와중에 한나라당 소속 구의원 한 분이 정치자금법 위반으로 대법원에서 형이 확정되어 구의원직을 상실하는 일이 생겼습니다. 11대 11로 팽팽했던 한나라당과 민주당의 균형이 무너진 거죠.

결국 조례는 6월 임시회의에서 통과되었고, 2011년 9월에 노원교육복지재단의 이사회를 구성하고 11월에 창립을 하게 되었습니다. 재단 이사장에는 노원구에서 오랫동안 서점을 운영해 오며 최근엔 지역사회를 위해 지역신문을 만들고 지역 주민을 위한 다양한 문화프로그램을 진행하고 있는 탁무권 씨가 맡아 주었습니다. 그리고 오랜 기간 노원구의 경제, 교육, 교통, 복지 분야에서 신망이 높은 분들이 기꺼이 이

2011년 11월 노원교육복지재단이 창립되었다. 재단은 생활은 어렵지만 법적 요건을 갖추지 못해 정부 지원을 못 받고 있는 주민들을 발굴해 지원해 주는 역할을 하게 된다.

사로 참여해 주셨고 홍보대사는 배우 신현준 씨와 양미경 씨가 나서 주었습니다. 특별한 명예도 없지만 시간과 돈을 기꺼이 내주신 참 고마운 분들입니다.

### 한 사람의 열 걸음보다 열 사람의 한 걸음으로

이제 재단의 당면한 목표는 매월 1천 원짜리 후원회원 10만 명을 모집하는 것입니다. 그야말로 티끌 모아 태산을 만드는 것이죠. 천 원이 적은 돈 같지만 10만 명이 모이면 연간 12억 원이라는 적지 않은 후원금이 쌓일 수 있습니다. 재단은 이런 후원인을 희망천사라 부르고 있습니다. 돈 있는 사람 몇몇이 거액을 출연하는 것도 중요합니다. 하지만 구민 누구나 이 사업에 관심을 가지고 우리 동네의 문제를 우리 스스로 해결한다는 의식을 갖는 것이 더욱 중요합니다.

그리고 저소득층 자녀를 위한 장학사업부터 시작하기로 했습니다. 부모 세대는 이미 양극화되어 있다고 하더라도, 그 자녀들 세대만은 같은 출발선에서 시작할 수 있도록 해야 합니다. 그래야 양극화의 격차를 줄여 나갈 수 있습니다. 그리고 기초수급권 제도나 각종 복지제도로부터 보호를 못 받고 있는 소외되어 있는 사람들, 긴급 도움이 필요한 사람들, 이런 사람들에 대한 지원이 실시될 것입니다.

### 기회의 평등을 위한 첫 걸음

2012년 6월 28일, 재단 설립 후 처음으로 꿈 장학금 전달식이 구청

2012년 6월 28일 노원교육복지재단이 설립된 후 처음으로 관내 중고등학생 100명에게 장학금을 지원하는 꿈 장학금 전달식이 노원구청 대강당에서 열렸다. 미래세대의 주인공인 청소년들에게 기회의 평등을 마련해 주기 위한 첫걸음을 내딛는 행사라 감회가 새로웠다.

대강당에서 열렸습니다. 노원의 중고등학교 학생 100여 명에게 1회 30만원씩 3회에 걸쳐 90만원이 지원되는 이 행사에서 격려사를 하는 저의 감회는 남달랐습니다. 저는 가장 효과적인 복지는 일자리를 만드는 것이고, 세대별로는 청소년기의 교육 격차를 줄여 주는 것이라고 굳게 믿습니다.

특히, 노원의 청소년들을 위해 1억 원의 장학기금을 기탁해 준 노원 롯데백화점 관계자 분들과 오늘도 이름 빛나지 않지만 곳곳에서 청소년의 꿈을 키우기 위해 장학금을 주시는 고마운 분들에게 노원구민을 대표하여 감사의 마음을 전합니다.

# 책 대신 사람을 대출해 드립니다
―휴먼 라이브러리

2012년 3월 21일, 노원 정보도서관 지하 1층에는 학생들과 초록색 조끼를 입은 사람들로 북적였습니다. 이날은 책이 아닌 사람을 대출하는 '휴먼 라이브러리'가 첫선을 보이는 날이었습니다.

휴먼 라이브러리는 덴마크 출신의 사회운동가 로니 에버겔이 2000년 덴마크에서 열린 한 뮤직 페스티벌에서 창안한 이래 전 세계로 확산되고 있는, 사람을 대출하는 새로운 개념의 도서관입니다.

휴먼 라이브러리는 글자 그대로 책이 아니라 사람을 대출해 주는 도서관입니다. 독자와 독자가 원하는 분야의 전문가를 일대일로 대면하도록 기회를 제공하여 주는 것입니다. 독자는 딱딱한 책이 아니라 살아 있는 사람과 대화하면서 즉석에서 궁금한 점을 질문하고 바로 답을 얻게 됩니다. 독자는 풍부한 교양과 지식을 얻는 이외에도 대화를 통한 고독감을 해소하고 지역공동체에 대한 소속감을 경험하는 부수적인 혜택도 받게 됩니다. 도서관에 휴먼 북으로 등록되는 전문가들은 일종의 재능 기부 형식으로 자신의 지식을 지역사회에 환원하여 기부와 봉사의 기쁨을 맛보게 됩니다.

### 도서관이 탄생하기까지

우리나라에서도 이벤트 형식으로 '사람 대출' 행사가 열린 적이 있지만 상설 도서관으로 개관하기는 처음입니다.

사람 대출 도서관을 만들자는 구상은 선거 이전으로 거슬러 오릅니다. 노원포럼 대표이면서 상계 백병원의 내과 과장인 최수전 교수님과

2012년 3월 21일 노원 휴먼 라이브러리 개관식.

저녁을 먹을 기회가 있었습니다. 최 교수님은 백병원에서 인문학 강좌 모임을 여러 해째 이어 오고 있었습니다. 그분을 보면 역사, 철학, 종교 등 거의 모든 분야에 걸쳐 있어 천재적인 학식을 가지고 있다는 느낌을 받았었죠. 제가 그날 저녁 구청장 출마 의사를 밝혔더니 대뜸 구청장이 되면 휴먼 라이브러리를 만들자는 제안을 했습니다. 좋은 제안인 것 같아 선거 공약에 포함했는데, 막상 구청장이 되어 일을 추진하려고 하니 쉬운 일이 아니었습니다.

도서관 업무를 담당하는 문화과에 실행 계획을 기안해 보도록 지시했습니다. 얼마 뒤 실행 계획안을 받아 보았는데 휴먼 라이브러리 운영에 상당한 예산이 필요하다는 것이었습니다. 국내에 사례가 없어 대출되는 분께 사례비를 드리는 것으로 계획을 세우다 보니 당연히 예산이 많아질 수밖에 없었죠. 가난한 노원구 살림에 이런 사업을 하는 것은 적절하지 않겠다 싶어 일단 추진을 보류시켰습니다.

그러던 와중에 행정안전부로부터 '2011 희망마을만들기 사업' 공모가 있었습니다. 선정이 되면 2억 원을 지원받는 사업이라 정부 지원을 받으면 조금은 수월하겠다 싶어 휴먼 라이브러리 사업으로 공모에 응했는데 다행히도 채택이 되었습니다. 이후 책상 서랍 속에 묵혀 있던 휴먼 라이브러리 사업이 다시 빛을 보는 행운을 맞이했습니다.

휴먼 라이브러리 사업을 다시 시작하면서 휴먼 북으로 활동할 사람은 자원봉사로 하는 것을 원칙으로 했습니다. 예산도 예산이지만 만약 그분들에게 수당을 지급하기 시작하면 이 사업의 순수한 뜻이 변질될 수도 있다고 생각했습니다. 사실 자원봉사 하시는 분들은 사회에 기부하는 기쁨에서 하는 것이잖아요. 그런데 그분들에게 돈을 지급하면 그것이 다 없어지는 것이죠. 그래서 희망만들기 사업 선정으로 받은 국비 2억 원은 구립 정보도서관에 상설 운영공간을 마련하는 데 사용하고 운영은 상근자를 제외하고는 자원봉사로 하게 됐습니다.

**청소년들에게 희망을 주는 도서관으로**

2012년 3월 21일 드디어 휴먼 라이브러리가 개관되었습니다. 지금까지 120여 명이 휴먼 북으로 등록했고 앞으로 1천 명까지 늘려 나갈 계획입니다. 그리고 정기적으로 휴먼 라이브러리 열람행사를 열어 이 사업을 활성화시켜 나갈 예정입니다.

저도 구청장으로서 휴먼 북에 등록했습니다. 지난 5월에 열린 행사

신개념의 도서관 서비스 '제1회 노원휴먼라이브러리 열람행사'에는 총 11팀의 휴먼 북과 열람 신청 주민 200여 명이 참여했다.

에도 직접 참여해서 학생들로부터 열람을 당했습니다. 저를 원한 두 학생은 장래 목표가 정치인이라며 정치란 어떤 것인가에 대해 말해 달라고 하더군요. 저는 '정치는 민주주의의 종합예술이다'라는 것을 주제로 설명을 해 주었습니다. 우선 정치가 예술인 이유는, 예술은 사람들의 정서를 어루만져 줌으로서 다툼이 없는 사회를 만드는 역할을 하는데 정치도 사람들이 만인에 대한 만인의 투쟁으로 빠지지 않도록 갈등을 조정하는 역할을 한다고 했습니다. 예술 중에서도 종합예술인 것은 사람들 사이의 다양한 이해관계 충돌을 조정하고 중재하기 위해서는 실로 다양한 기법과 다방면에 걸친 노력이 요구된다는 점에서 그렇다고 했죠. 제 얘기를 듣는 학생들의 눈망울이 똘망똘망 했던 것이 지금

2012년 5월 12일 노원구 중계근린공원에서 휴먼 북 60여 명과 휴먼 북을 신청한 독자 400여 명이 마주 앉아 자유로운 대화를 통해 정보와 지식을 서로 공유하고 나누는 시간을 가졌다. 나도 휴먼 북으로 등록해 이날 학생들에게 열람을 당했다.

도 기억에 남습니다. 아마도 그 학생들은 딱딱한 정치학 개론에서는 얻을 수 없었던 생생한 지식을 얻지 않았을까 자부해 봅니다.

저는 휴먼 라이브러리가 노원구 주민 누구나 이용하는 열린 공간이기를 바라지만, 특히 청소년들이 장래 희망을 설계하는 데 도움을 주는 기관이 되었으면 합니다. 특히 우리 청소년들이 초등학교 5, 6학년 단계에서 1차로, 중학교 2, 3학년 단계에서 2차로 자신의 진로를 정할 필요가 있습니다. 특히 중학교에서 진로 지도, 진로 상담, 진로 체험, 이런 프로그램을 하게 되어 있는데 막상 해보려고 하면 잘 안 되니까 시간 때우기로 넘어가는 경우들이 꽤 있는 것으로 알고 있습니다. 이제는 그런 프로그램을 우리 휴먼 라이브러리와 연계해서 진행하면 학생들에게 실질적인 도움을 주게 되지 않을까 생각합니다.

## 마음이 있으면 못할 일이 있으랴
—SSM 대책

구청장에 당선되어 인수위원회 활동을 할 무렵입니다. 하루는 동네 SSM 반대 대책위 분들이 찾아오셨습니다. SSM이란 슈퍼 슈퍼마켓(Super Supermarket)의 약자로서 이마트, 홈플러스 등 이른바 기업형 슈퍼를 가리킵니다. 이들이 입점하면 그 주위에서 영업하던 재래시장이나 동네 슈퍼는 매출이 폭락하여 폐업할 수밖에 없는 지경에 이르는 것은 이미 언론 보도를 통해 널리 알려진 일입니다.

대책위 분들의 요구는 간단했습니다. 상계동 지역에 한 대기업이 SSM 입점을 추진하고 있는데 구청장에 정식 취임하면 무조건 입점을 막아 달라고 했습니다. 자신들이 6개월이 넘도록 돌아가며 불침번을 서면서 막고 있는데 한계가 있다며 울먹였습니다. 가슴이 답답해 왔습니다. 면담 이전에 확인해 본 바로는 구청장에게는 SSM을 막을 아무런 권한이 없다는 사실을 그분들에게 차마 말해 드릴 수 없었기 때문입니다.

## 단속을 무기로 SSM을 압박하다

저는 비록 권한은 없지만 구민의 생활을 책임지고 있는 위치에서 SSM 업체에게 권고를 할 수는 있다고 생각했습니다. 그래서 해당 SSM 측에 인수위원회 시절 구청 명의로 공문을 보내도록 했습니다. 그 내용은 '지역 유통업체와의 상생협력을 위해 입점을 철회해 주기 바란다. 우리 구는 이미 입점 중인 SSM에 대해서도 구청이 가지고 있는 행정규제 수단을 엄격하게 적용할 예정임을 알려 드린다'는 것이었습니다. 이렇게 구청에서 직접적으로 해당 기업에 입점 철회를 요청한 경우는 이제까지 없었습니다. 저는 기업 측에서 관청과 갈등을 빚으면서까지 입점을 강행하지는 않을 것이라는 기대를 했습니다.

SSM 입점을 반대하는 주민들이 피켓을 들고 입점을 철회하라는 시위를 하고 있다.

얼마 뒤 해당 업체에서 답신이 왔습니다. 과연 우리나라 대기업의 힘은 셌습니다. '안타깝게도 귀 청의 요청은 수용하기 어렵다'는 내용이었습니다. 아마도 변호사를 통해 구청의 권한이 없다는 것을 확인했겠지만, 그보다도 구청장 정도의 권력은 무섭지 않다는 자신감에서 나온 대응인 듯했습니다.

구청장에 정식 취임하는 첫 날, 전 직원과의 상견례를 마치고 난 직후 첫 번째로 한 일이 SSM관련 대책 회의였습니다. 인수위원회 시절 확인한 바와 같이 SSM의 입점에 대해서는 광역시도와 중소기업청이 중재와 조정 권한을 가지고 있을 뿐 기초자치단체는 권한이 전무했습니다. 당시 국회에는 SSM을 규제하는 근거법인 '유통산업발전법'과 '대·중소기업상생협력촉진법'이 계류된 채 표류하고 있었습니다. 그래도 찾고 또 찾아보니 구청의 권한으로 이미 입점한 SSM 매장의 식품위생 및 유통기한에 대한 단속 권한과 청소년 대상 술·담배 판매에 따른 규제가 나왔습니다. 무너지는 동네 슈퍼 사장님들을 도울 수 있다면 그 일이라도 해보자고 했습니다.

다음 날부터 구청의 보건위생과 등에서 이미 진출한 SSM 업체에 대한 합동 단속이 시작되었습니다. 관내에 있는 10개 SSM에 대한 합동 단속을 벌인 결과 두 곳에서 유통기한을 넘긴 제품을 판매한 것이, 한 곳에서 한우 개체식별번호를 표시하지 않은 것이 적발되었습니다. 모두 영업정지 7일의 처분을 받았습니다. 말하자면 구청과 SSM 사이에 전쟁이 벌어진 것입니다. 노원구청은 동네 슈퍼를 운영하는 분들과 이분들을 안타깝게 생각하는 서민들의 뜨거운 성원을 받았습니다.

하지만 한국의 대기업은 호락호락하지 않았습니다. 대기업은 정치권을 통해 저를 압박해 왔습니다. 제가 속한 당의 중진급 인사로부터 '자네 어쩌자고 대기업하고 싸우는 거냐. 적당히 하다 그쳐라. 그게 신상에 좋을 거다.'는 투의 충고가 들려왔습니다. 하지만 저를 바라보고 있는 구민들을 생각할 때 제가 후퇴할 길은 없었습니다.

이번 일을 하면서 청와대에 근무하던 때의 일이 생각났습니다. 문재인 비서실장 주재로 노동부 관료가 참석한 가운데 비정규직 관련 회의를 하고 있었습니다. 그런데 노동부가 노동자 편을 들지 않고 이른바 중립을 지키는 표현을 자주 사용하는 것을 듣다못해 제가 말했습니다. "지금 산업자원부를 비롯해서 기업 편을 들어 주는 부처는 많다. 그래서 노동자 편을 들어 주라고 노동부를 만든 것 아니냐. 노동부가 중립을 지키겠다는 건 곧 기업 편을 들겠다는 것과 뭐가 다르냐."고 말했던 기억이 생생하게 떠올랐습니다.

저는 우리 사회 모순의 정점에 재벌이 있다고 생각합니다. 정치인으로서 유권자들에게 서민의 편에 서겠다고 말했으면서 재벌의 유혹과 압력에 굴복해서는 안 된다고 생각합니다. 그래서 구청장이 되어서도 재벌과 대기업 편드는 쪽은 많다, 나라도 동네 슈퍼 사장님 편 좀 들어야겠다고 생각했던 것이죠.

**진실된 상생을 위하여**

한 1년 동안 그렇게 SSM 문제로 대기업과 맞섰습니다. 물론 SSM 측은 편법을 이용해 결국 입점 목적을 달성했습니다. 하지만 그 과정에서 지역 중소 상인들과 대화를 하고 일정한 양보와 타협을 해야 했습니다. 저는 이것도 긍정적인 변화라고 봅니다.

그렇다고 제가 무조건 SSM을 배척하는 것은 아닙니다. SSM의 보급이 산업의 흐름상 불가피한 면이 있는 것도 사실입니다. 하지만 SSM을 허가할 경우 그로 인해 피해를 보는 동네 슈퍼 상인이 다른 직종으로 전환할 수 있도록 적극적인 노동정책을 마련해야 합니다. 그런 준비와 대안이 없이 서민을 삶의 벼랑 끝으로 내모는 것은 참으로 '모진 사회'인 것이죠. 저는 중소 상인과 대기업이 진실로 상생하는 공동체를 꿈꿉니다.

## 소속을 물어볼 때가 제일 슬퍼요
―공공기관 비정규직 대책

　　　　노원구청 건물에 들어서면 가장 먼저 마주치는 사람이 민원 도우미입니다. 저도 매일 출근할 때마다 제일 먼저 이분들과 인사를 나눕니다. 늘 밝은 낯으로 인사를 하지만 한편으로 고생이 참 많아 보였습니다. 그래서 제가 위로도 해 드릴 겸 저녁 식사를 한 끼 같이하는 자리를 만들었습니다.

　식사 자리에서 제가 어떤 점이 가장 어렵냐고 물었습니다. 그랬더니 월급이 적은 것도 불만이지만 주민들이 '당신 소속이 어디냐'고 물을 때 가장 슬프다고 말하는 겁니다. 민원 도우미들은 용역회사의 직원이라는 말을 차마 하기 어렵다며 울먹일 때 저도 마음이 참 아팠습니다. 그래서 구청 및 구청 산하기관에서 일하는 비정규직에 대한 실태조사에 들어갔습니다.

### 밑 빠진 독, 용역회사

사실 지난 노무현 정부에서 공공기관 비정규직 문제를 해결하겠다고 공약을 내걸었습니다. 하지만 지자체는 당시 한나라당이 대부분을 차지하고 있어서 저희가 할 수 있는 일은 거의 없었습니다. 그리고 구청장이 되어서 직접 들여다보니 바뀐 것은 아무것도 없었습니다.

그리고 총액인건비제라는 것이 있어서 그것을 핑계로 손을 안 댄 측면도 좀 있었습니다. 비정규직을 정규직화 해 주면 결국 구 재정에서 인건비가 늘어나고 그러면 총액인건비를 벗어나게 되니 결국 못하는 거 아니냐는 논리였죠.

그러나 총액인건비를 빌미로 용역회사에 외주를 주는 것이 과연 비용 면에서 효율적인 것일까요. 예를 들어 우리 문화예술회관에 용역직 2명을 채용하고 있었습니다. 그 비용으로 용역회사에 지급하는 비용이 연간 8천만 원이 넘더라고요. 그 내용을 한번 들여다봤더니, 그 8천만 원 중에 거의 한 3천만 원 정도가 회사로 가는 비용이었습니다. 결국 용역직 2명은 평균 연봉 2천5백만 원씩 받는 셈이었습니다. 만약 우리가 그 사람들을 직접 고용한다면 연봉 4천만 원을 지급하지 않을 것이 확실하지만 실제로는 4천만 원을 지급하는 것과 마찬가지 비용이 지출된 것입니다. 비록 용역비라는 항목을 사용해서 총액임금제의 적용을 벗어났지만 실제 비용은 과다지출된 것입니다.

문화예술회관의 용역직 2명은 한 명은 음향 관련 전문가이고, 또 한 사람은 홍보 분야에서 일하는 사람입니다. 제가 해당 부서를 통해 물어봤습니다. 용역은 매년 공개 입찰을 하기 때문에 회사가 바뀌기도 하는

데 사람이 자주 바뀌어도 문제가 없느냐고 말입니다. 그 사람들 대답이 A회사가 B회사로 바뀌어도 자신들의 고용을 승계하기 때문에 자신들은 계속 근무하게 된다는 것이었습니다. 그렇다면 이것은 무엇을 말하는 것입니까. 용역회사는 제공하는 용역 노동의 질을 담보하는 것이 아니라 입찰에서 낙찰 받기만 하면 그냥 3천만 원의 수익을 올리는 것입니다.

그래서 용역회사에 확인을 해봤습니다. 당신들은 무슨 명목으로 3천만 원을 가져가느냐고 말입니다. 그랬더니 이를테면 근무자가 갑자기 사고가 생기거나 하면 회사에서 대체 인력을 보내준다는 것입니다. 근무자들에게 그런 사고가 자주 생기느냐고 물었더니 거의 없다고 말했

구청과 산하기관에서 비정규직으로 일하고 있는 분들과 수시로 만나 애로사항들을 들으면서 정규직으로의 전환이 일하는 분들의 근무의욕 고취, 실질 임금인상 효과뿐만 아니라 구청 입장에서도 예산을 절감할 수 있다고 확인했다.

습니다.

또 대표적인 사례가 간호사들입니다. 보건소에 가정방문 간호사들이 있는데 업무는 상시적인데도 계약직으로 근무하고 있었습니다. 그런데 계약직도 2년 넘으면 정규직화 해야 하는 부담 때문에 근무기간이 2년에 가까워 오면 이 사람들을 해고합니다. 그러면 해고당한 간호사는 다른 지역으로 옮겨 가서 재취업합니다. 그런데 방문 간호사 같은

〈표 8〉 노원구 비정규직 채용 현황

| 구분 | 구청 직접채용 비정규직 | | 용역회사 채용 비정규직 | | 시설관리공단 채용 비정규직 | |
|---|---|---|---|---|---|---|
| | 인원 | 주요업무 | 인원 | 주요업무 | 인원 | 주요업무 |
| 계 | 12명 | | 44명 | | 91명 | |
| 구청 | 8 | 육아휴직 행정대체 | 28 | 민원안내도우미 청사 환경미화 | - | |
| 문화예술회관 | 2 | 홍보 · 전산 | 16 | 경비, 환경미화, 무대보조 등 | - | |
| 보건소 | 2 | 금연 상담사 | - | | - | |
| 구민체육센터 | - | | - | | 25 | 강사, 안내데스크, 주차장 |
| 거주자우선주차장 | - | | - | | 6 | 주차단속 |
| 공영주차장 | - | | - | | 45 | 주차요금징수 |
| 견인보관소 | - | | - | | 7 | 차량접수 및 관리 |
| 마들스타디움 | - | | - | | 3 | 체육시설물관리 |
| 초안산근린공원 | - | | - | | 2 | 체육시설물관리 |
| 불암산 종합스타디움 | - | | - | | 3 | 체육시설물관리 등 |

경우는 자신이 관리하는 환자의 세세한 상태를 일상적으로 관리하고 있습니다. 환자의 현재 상태가 어떤지, 등창이 났는지 등 그 간호사만이 알고 있는 정보가 있습니다. 따라서 그 간호사가 계속적으로 업무를 수행하는 것이 필요합니다. 그런데도 노동법 상의 규정을 피하기 위해 이직을 시키는 겁니다. 이 얼마나 불합리한 일입니까.

물론 용역 외주를 활용함으로써 노무관리 상의 비용이 절감된다고 말할 수는 있을 것입니다. 그런 노무관리 상의 비용이라는 게 사실상 노동조합원이 늘어나는 것을 기피하는 대가로 지불하는 비용입니다. 이것은 구청에서 노조와의 관계를 적절하게 조정함으로써 해결될 수도 있는 문제입니다. 그 문제 때문에 용역회사에게 전체 인건비의 대략 30%를 추가 지출 해왔다는 것인데 이것이야말로 불필요한 지출이 아니고 무엇이겠습니까.

**직접 고용의 로드맵**

결국 용역회사 외주를 철회하고 직접 고용을 하는 방법이 효율 면에서도 더 낫다고 저는 판단했습니다. 그래서 구청 및 산하기관에 채용돼 있는 비정규직 140여 명을 우선 정규직으로 전환하기로 했습니다. 이렇게 하면 전체 비용 지출은 오히려 삭감됩니다. 그래서 그 일부로 직접 고용하는 근무자의 급여를 인상했습니다. 그 결과 적게는 15만 원에서 많게는 35만 원의 임금 인상 효과를 발생시켰습니다. 비용은 줄고 근무자의 급여는 인상되는 누이 좋고 매부 좋은 일이었습니다.

<표 9> 비정규직 유형별 정규직 전환 인원과 임금 개선 효과

| 기관 | 인원 | 주요업무 | 정규직 전환 전 | | 정규직 전환 후 | |
|---|---|---|---|---|---|---|
| | | | 1인 평균 급여 | 근무형태 | 1인 평균 급여 | 근무형태 |
| 구청 | 12명 | • 행정대체<br>• 홍보·전산<br>• 금연상담 | 1,560천원 | 기간제 근로자 | 1,915천원 | 시간제 계약직 공무원 |
| 용역회사 | 56명 | • 민원안내, 경비<br>• 환경미화<br>• 무대보조 등 | 1,130천원 | 파견 근로자 | 1,285천원 | 무기 계약직 |
| 시설관리 공단 | 31명 | • 전문강사<br>• 주차관리<br>• 환경미화 등 | 1,567천원 | 기간제 | 1,809천원 | 무기 계약직 |

하지만 장기적으로 정규직화가 고정비용인 인건비 부담을 늘리고 이것이 구 재정에 부담을 주는 건 사실입니다. 그래서 지금 고민하고 있는 것 중의 하나가 상용직의 인건비 초기 부담을 좀 줄이는 방법입니다. 그래야 점차 연차가 늘어나면서 임금인상이 되어도 구청이 감당할 수 있을 것입니다. 이 문제를 현재 노동조합과 협의 중입니다.

언론에도 여러 차례 보도가 됐지만, 요즘은 환경미화원 모집에 대학원 졸업자도 신청을 하는 형편이고 경쟁률이 몇 십 대 1이 예사입니다. 환경미화원이 안정적인 직장이라서 그런 면도 있지만 급여가 적지 않다는 것도 그 이유 중 하나입니다. 현재 환경미화원 연봉 수준이 연 3천만 원에서 3,500만 원 정도 수준입니다. 거기에 상용직이라 정년이 보장됩니다. 그러니까 요즘 같은 취업난 상황에서 그 어떤 곳보다도 안정된 직장인 셈입니다.

그러나 환경미화원이 하는 역할로 보면 입사 초기부터 연봉 3,500만

원 받는 것은 약간 과도한 측면이 있습니다. 그러니까 그분들의 입사년도의 인건비 비중을 좀 낮춰야 되는데 그게 안 되니까 최근 들어서는 퇴직자가 발생해도 고용을 안 하는 방식으로 대처하는 경향이 있습니다. 그리고 외주나 비정규직으로 대체하는 것이죠. 이런 악순환을 막아야 합니다.

우리 노원구청의 공원녹지과 상용직의 예를 들어 보겠습니다. 그들이 하는 일은 공원 청소 등 공원을 관리하는 일입니다. 단순노동이라고 할 수 있는데요, 이분들도 연봉이 3천만 원이 넘습니다. 상당한 인건비 부담이 작용하고 있습니다. 그러니까 그분들이 정년이 되어 퇴직하면 정규직을 뽑지 않고 비정규직으로 돌립니다. 하지만 공원을 관리하는 일은 1년 내내 지속되는 업무입니다. 비정규적인 업무가 아닌 것이죠. 따라서 상용직으로 고용하는 것이 합리적입니다. 그런데 대신 그분들을 상용직으로 채용하되 연봉 2천만 원 정도 수준으로 낮추면 정규직 채용에 무리가 없습니다. 그다음에 연차에 따라 임금 수준을 점차 높여 가는 것이 어떻겠느냐 하는 것이 제 생각입니다.

하지만 어쨌든 제 안은 기존 임금을 삭감하는 것이기 때문에 노조는 반발할 가능성이 큽니다. 그러나 저는 노조와 성의를 다해 대화하면 결국 모두에게 이익이 되는 방향으로 결론을 도출할 수 있을 것으로 생각합니다.

## 비정규직이 우리 사회 문제의 핵심

저는 평소에도 한국 사회에서 가장 핵심적 문제, 얽힌 실타래의 끝

지점에 있는 문제가 비정규직 문제라고 생각하고 있습니다. 특히 상시 고용을 해야 되는데 인건비 부담과 노동조합 문제 때문에 비정규직화 했던 부분부터 풀어야 한다고 주장합니다. 나라 전체로 보면 대우조선이나 현대자동차와 같이 정규직 노동자를 큰 규모로 고용할 수 있는 대기업에서 외환위기 이후에 정규직 인력을 거의 늘리지 않았습니다. 정규직이 필요 없어서가 아니라 비용을 줄이기 위해 현대자동차 사내하청과 같이 편법을 썼습니다. 그게 결국 노동의 질을 악화시키고 사회의 전반적인 고용 안정을 해쳤습니다. 그러니까 사람들은 소득이 불안정해져서 결혼을 미루거나 결혼하더라도 애를 한 명밖에 안 낳거나 합니다. 그리고 고용이 불안하니까 자영업이나 해보자 하다가 망하고, 주식 투자해서 망하고 그러다 결국 더 살아서 뭐해 하면서 목숨을 끊는 경우도 생기는 것 아닙니까. 모든 것이 연속으로 연결되어 있는 문제인 것 같습니다.

특히 우리나라의 고질적인 교육 문제도 비정규직 문제가 풀려야 해결될 수 있다는 생각입니다. 비정규직 문제는 한국 사회가 신자유주의로 변환되면서 생긴 문제의 가장 정점에 있고 그런 면에서 우리 사회가 가장 우선적으로 풀어야 할 문제라고 봅니다.

## 생존권과 보행권이 충돌한다면
—노점상 대책

구청에 접수된 민원 가운데 약 10%가 노점상에 관한 것입니다. 단일 사안으로서는 꽤 큰 비중을 차지하고 있습니다. 그만큼 서민들의 생활과 직결된 문제이지요. 저는 이렇게 많은 민원이 제기되는 문제라면 방치하지 말고 해결에 나서야 판단했습니다.

**방치할 수 없는 민원**

노원구에는 2011년 말을 기준으로 약 600개의 노점상이 있습니다. 주로 음식과 액세서리를 파는 업종이 많습니다. 장기적인 경기 침체와 실업난 속에서 노점상이 늘어나는 것은 어쩌면 당연한 현상입니다. 하지만 노점상이 도로를 불법으로 점유하는 바람에 보행자가 불편을 느끼고, 주변의 점포 운영자 역시 노점이 세금도 내지 않고 영업행위를 하는 데 대해 불만을 표시하는 것도 당연한 권리입니다.

구청은 이러한 이해관계의 충돌을 조정해 주는 것이 본연의 임무입니다. 그래서 일단 실태조사에 들어갔습니다. 그런데 여기에서 벽에 부닥쳤습니다. 도대체 노점을 운영하는 사람이 누구인지, 그 사람의 재산상태는 어떤지에 관한 데이터가 전혀 없었습니다.

그런데 노점은 음식물을 조리해서 판매하는데 위생 검열을 전혀 받지 않습니다. 불법 영업이기 때문입니다. 도로를 점용하면서도 점용료를 전혀 안 냅니다. 그 역시 불법 점용이기 때문입니다. 완전히 무법지대에 있는 것입니다.

조사를 해보니 전임 구청장 시절에 노점 특화거리를 조성한다고 해서 노원역 부근에 약 60개, 그리고 성북역과 석계역 앞에 약 30개를 사

주민의 환경권과 보행권, 영업권을 보호하기 위해 노점상을 단속하라고 항의하는 주민들을 직접 만나 의견을 듣고 구청의 입장과 조치 내용을 설명했다.

실상 합법적으로 자리를 내줬습니다. 그런데 그 노점상들이 모두 전국노점상연합과 민주노점상연합이란 단체에 소속돼 있습니다.

우리 노원구에는 두 단체가 다 있습니다. 노원구는 서울시 25개 구 가운데 노점상이 4번째로 많은 구입니다. 서민들이 주로 사는 지역이기 때문이기도 하지만 몇 년 전 이웃 의정부시에서 대대적인 노점상 정비를 시행하는 바람에 그쪽에서 이곳 노원구로 옮겨온 노점상 때문에 대폭 늘었습니다.

어쨌든 노점상에 대해서는 전노련과 민노련이 일종의 교섭대표권을 가지고 있습니다. 그들에게 노점상 운영자에 대한 정보를 요구했더니 절대 공개할 수 없다고 했습니다. 저는 도로를 점용하고 영업행위를 하면서 신상정보를 공개하지 않는 것은 부당하다고 설득했습니다.

**노점상 단체와의 담판**

저는 몇 차례 촉구를 한 뒤, 정보를 공개하지 않으면 노점상을 정비할 수밖에 없다고 최후통첩을 보냈습니다. 하지만 전노련과 민노련도 민주당 쪽에는 상당한 로비를 할 정치력을 갖고 있었습니다. 당시에 손학규 대표까지 찾아가서 '노원구청장이 민주당 출신인데 우리한테 이렇게 심하게 할 수 있느냐'며 항의하기도 했습니다. 저로서는 정치적인 압박을 받을 수밖에 없었지만 포기하지 않았습니다.

저는 그 단체 사람들을 다시 불러 놓고 이렇게 말했습니다.

"좋다, 나는 당신들을 밀어낼 생각은 없다. 그런데 이 경우는 가치로 보면 시민의 보행권과 노점의 생존권이 충돌하는 건데 이것을 어떻게 조화롭게 조정할 것인지에 대한 대책이 필요한 것 아니냐. 내가 알기로는 다는 아니지만 노점 중의 일부는 굳이 노점을 하지 않아도 되는 사람도 끼어 있다. 주변을 보라. 조그만 가게를 내서 임대료 내면서 노점상보다 훨씬 어렵게 사는 사람도 많다. 과거부터 죽 해왔다는 이유로 노점터를 독점하거나 아니면 수천만 원에서 수억 원의 프리미엄을 받고 팔고사고 하는 경우도 있는 것으로 알고 있다. 이것이 사회정의에 부합한다고 생각하느냐."

이렇게 말했더니 자기네들도 그것이 부당하다는 것은 인정했습니다. 그래서 그것을 판단하려면 어떤 사람이 노점을 운영하고 있는지 알아야 될 거 아니냐 했더니 정보가 공개되면 그것이 자신들에 대한 탄압의 수단으로 악용될 수 있기 때문에 공개할 수 없다는 것이었습니다.

저는 그러면 중립적인 사람이 참여하는 대책기구를 만들어 보자고 했습니다. 그래서 서울시정개발연구원에서 과거에 노점상 단체에서 활동한 경력도 있고 현재 노점상 문제를 연구하고 있는 연구원 두 분을 초빙해서 그분들의 자문을 받으며 대책회의를 몇 차례 했습니다. 그분들도 실태조사는 불가피하다는 결론을 내렸습니다. 결론이 이렇게 나오니까 단체 쪽에서 실태조사만은 응할 수 없다며 협의를 거부했습니다. 저도 학생운동을 한 경험이 있지만, 이때 이른바 운동권과의 대화에서 벽을 느꼈습니다.

저는 마지막으로 실태조사를 1년간 유예한다는 통보를 했습니다. 2012년 6월 말 시점에서 그 기한이 다가오고 있습니다.

## 단속이 아니라 관리가 필요

노점상 문제는 노점의 생존권과 시민의 보행권이 충돌하는 사안입니다. 따라서 저로서는 어느 편을 일방적으로 들 수 없는 딜레마가 있습니다. 저는 먼저 누구나 인정할 수 있는 기준을 정하기로 했습니다. 그것은 시민의 보행권을 우선으로 하되 시민의 보행권이 침해되지 않는 범위 안에서 노점의 생존권을 인정한다는 것입니다. 이것을 구체적으로 규정한 '서울시 노원구 노점관리운영규정'을 만들었습니다.

이 운영규정에 따르면 노점을 운영하는 자는 노원구에서 1년 이상 거주한 사람에 한하고, 소유재산이 2억 원 이하여야 합니다. 또 노점 설치는 보행권이 침해되지 않는 범위에서 허가해 주되 구에서 일정한 점

노점상의 생존권과 지역 주민의 권리가 충돌하는 문제를 합리적으로 풀기 위해 '노점관리운영규정'을 만들고 세부 사항을 심의 결정하는 '노점관리심의위원회'를 설치했다.

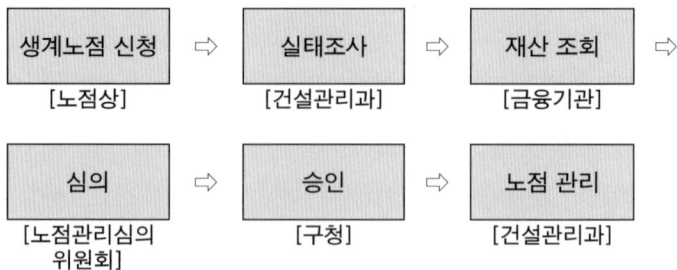

〈표 10〉 생계형 노점 관리 절차

용료를 받도록 했습니다. 허가 기한은 1년으로 하되 연장할 수 있는데 이런 세세한 사항을 심의하고 결정하는 기구로 '노점관리심의위원회'를 설치했습니다.

또 이 운영규정에 구에서 노점 운영자에 대한 정보를 조사할 수 있다는 조항을 두었습니다. 장기적으로 노점상 단체와의 협의와 상관없이 노점상에 대한 실태를 파악할 수 있도록 한 것입니다. 실제로 이 운영규정에 따라 실태조사를 점진적으로 시행하고 있습니다. 이를 통해서 기업형 노점이 활개 치지 못하도록 적극적으로 대응하고 있습니다.

하지만 생계형 노점에 대해서는 그들이 다른 직업으로 전환할 수 있도록 적극적 노동정책이 나오기 전에는 일정한 수준에서 허용할 수밖에 없다는 것이 제 생각입니다. 저는 노점을 단속의 대상으로만 보는 행정을 해서는 안 된다고 생각합니다. 그동안 보니까 구청에서는 노점을 단속 대상으로 보고, 그 단속을 외주 용역을 주는데 대부분 특수임무수행자회와 같은 단체에 주었습니다. 이 단체는 실제 내용과는 달리 이름만으로도 노점상들에게 위협적으로 느껴지기에 충분했습니다. 노원구의 경우 노점 단속 용역비가 연간 2억 원이 넘는 액수였습니다. 거의 한 달에 2천만 원 꼴로 지출하는 겁니다. 저는 이것은 예산낭비라고 생각했습니다.

저는 2011년 말을 끝으로 그 용역을 중단 시켰습니다. 그러자 그 단체에서 여러 명이 저에게 와서 항의했습니다. 자신들에게도 생존권의 문제라는 겁니다. 하지만 그런 생존권마저 보호해야 한다고는 생각하지 않았기 때문에 단호하게 뿌리쳤습니다.

그리고 그 비용보다 훨씬 적은 액수로 노점상을 관리하는 계약직 공무원을 뽑았습니다. 노점상은 관리의 대상이지 단속의 대상이 아니기 때문입니다. 계약직 공무원이 노점을 관리하면 훨씬 합리적이 될 것입니다. 또 그 직에 종사하면서 시간이 지나면 전문성이 쌓이고 그 결과 현실에 적합한 새로운 대안을 만들기도 할 것입니다. 이것이 효율적인 정책 아니겠습니까.

# 내 아이는 내가 키운다
―돌봄협동조합

2008년 세계 금융위기가 전 세계를 덮쳐서 많은 국가가 휘청거렸습니다. 지금도 남유럽의 그리스, 스페인 등이 위태롭습니다. 그런데 가만히 보니까 금융위기에 비교적 안전한 나라들이 있는데 그들의 공통점은 협동조합이 발달했다는 사실이었습니다.

특히 유럽에는 협동조합의 역사가 오랜 나라들이 있습니다. 덴마크, 네덜란드, 스웨덴 같은 나라들입니다. 또한 이탈리아의 볼로냐, 프랑스의 릴과 같은 지역도 협동조합이 발전한 지역입니다. 그래서 협동조합이 세계 금융위기 같은 전 지구적 차원의 공황에 탄력적으로 대응할 힘이 있구나 하는 것을 알아차렸고 우리도 이것을 도입해 보자는 움직임이 일어났습니다.

## 협동조합에 주목하라

　우리나라에서도 일찍부터 농업협동조합, 신용협동조합 등이 활성화돼 있습니다. 그리고 요즘은 생활협동조합에도 사람들의 관심이 쏠리고 있습니다. 하지만 협동조합에 대한 법률은 이러한 개별 조합에 국한돼 있고 보편적인 협동조합법은 없었습니다. 그런데 세계 금융위기 이후 협동조합에 주목하면서 이를 뒷받침할 법률 제정이 시도됐습니다. 2011년 12월 당시 민주당의 손학규 대표와 한나라당의 김성식 의원 그리고 민주노동당의 이정희 대표가 각각 발의한 협동조합기본법이 하나의 대안으로 만들어져 마침내 법안이 통과되었고, 2012년 말이면 이 법률이 발효됩니다.

　또한 2012년은 UN이 정한 협동조합의 해이기도 합니다. 저는 이렇게 협동조합이 주목되는 시점에 협동조합에 대해 좀 더 깊이 알아야겠다고 생각했습니다. 때마침 희망제작소에서 협동조합의 역사가 긴 유럽 국가를 시찰하는 프로그램을 마련했고 저는 기꺼이 거기에 참여했습니다.

　성북, 도봉, 금천 구청장과 함께 이탈리아와 프랑스를 둘러보니 협동조합에 생각 외로 다양한 유형이 있다는 것을 보았습니다. 농업협동조합 이외에도 신용협동조합, 건축협동조합, 돌봄협동조합 등이 인상 깊었습니다. 돌봄협동조합은 영아와 유아의 보육을 탁아소나 유치원에 맡기지 않고 주민들이 스스로 맡겠다며 만든 조합입니다. 그런데 대개 협동조합은 주민 5명 이상이 모이면 자생적으로 만들 수 있었습니다. 굳이 구라는 자치단체가 개입할 필요가 별로 없어 보였습니다. 그런 돌봄협동조합만은 그 활성화를 자치구가 제도를 통해 지원할 수 있다는 생각이 들었습니다. 더구나 돌봄협동조합은 지역공동체를 복원하려는 우리 구의 목표와도 잘 맞아떨어졌습니다. 그래서 돌봄협동조합을 노원구 차원에서 적극 육성하기로 결정했습니다.

**공동육아를 넘어 협동조합으로**

서울시에서도 영유아 보육에 대해 각별한 관심을 갖고 있습니다. 그에 따라 박원순 시장이 1동에 2개 이상의 국·공립 어린이집이 있도록 하겠다는 정책을 추진 중입니다.

그런데 구립어린이집의 운영 방식을 보면, 문제의 소지가 있습니다.

구청어린이집을 시범적으로 협동조합 형태로 운영하기로 한 학부모총회에서 아이들을 맡긴 직원들이 학부모로서 참여했다.

주로 교사 자격증이 있는 개인이 법인의 형태를 갖추어 운영하고 있습니다. 사실상 개인사업을 운영하는 것과 다름이 없습니다. 그래서 언론에 종종 어린이집의 부실한 운영이 보도가 되고 사람들은 불안해하고 있습니다.

그래서 일부 사람들은 공동육아 방식으로 아이를 돌보기도 합니다. 그런데 공동육아는 안심이 되기는 하지만 시설비와 인건비를 비롯해서 모든 재정을 참여한 사람들이 분담하기 때문에 일반 어린이집보다 훨씬 많은 금전적 부담을 안게 됩니다. 경제적으로 여유가 없는 가정에서는 엄두도 못 내는 방식이지요. 따라서 공동육아 방식은 거기에 참여하는 사람들끼리는 똘똘 뭉치지만 그 외의 사람들과의 사이에 상당한 벽을 쌓게 됩니다.

그래서 저는 이것을 협동조합의 형태로 바꾸고, 그 협동조합에 구에서 구립어린이집과 같은 시설을 비롯해 일정한 재정을 지원하기로 했습니다. 그렇게 되면 문턱이 낮아져서 소득 수준에 관계없이 지역의 모든 가정이 참여할 수 있을 것이고, 그것이 지역공동체의 복원에 크게 기여할 것입니다.

먼저 시범사업이 필요했는데, 때마침 구청어린이집이 외주 형태로 운영이 되다가 계약이 종료됐습니다. 이 구청어린이집은 구청 공무원을 위한 직장어린이집으로서 구청 시설을 이용하고 있지만, 인근 지역의 일반 가정에도 개방하고 있었습니다. 따라서 지역 협동조합으로서 시범사업이 되기에 적합했습니다. 하지만 구청 공무원노조의 동의가 필요했습니다. 공무원노조에 사업 취지를 설명했더니 대환영이었습니다. 이참에 저는 노조의 활동도 권익투쟁에만 갇혀 있지 말고 이러한 다양한 영역으로 활동을 넓혀 삶의 질을 개선하는 데 앞장서야 한다고 주문했습니다.

그리고 새로 위탁을 줘야 할 구립어린이집 2곳에 대해서도 2012년 말 협동조합기본법이 발효됨과 동시에 협동조합으로 전환할 것을 조건으로 모집하고 있습니다. 계획대로라면 구청어린이집이 최초의 시범적인 돌봄협동조합으로 탄생하고 그 뒤를 이어 협동조합으로 운영되는 구립어린이집이 연이어 선보일 것입니다.

**협동조합이 미래다**

어차피 우리 사회는 앞으로 복지 수요가 기하급수적으로 늘어날 것

노원구청과 함께걸음의료생활협동조합이 공동으로 '협동조합, 노원에서 이야기하자'란 슬로건을 걸고 협동조합학교를 열었다. 사진은 협동조합학교 수료 후 참가자들이 자발적으로 만든 학습모임 모습.

입니다. 그것을 정부가 모두 책임질 수는 없을 것입니다. 그렇다고 시장이 할 수 있는 일도 아닙니다. 그렇다면 공동체 모델이 필요합니다. 그 공동체 모델의 핵심적 역할을 지역사회의 협동조합이 해야 되는 것 아닌가라고 보고 있습니다.

이를 위해서 주민들이 협동조합의 운영에 대해 잘 숙지할 필요가 있습니다. 그래서 협동조합학교를 개설하고 교육을 실시했습니다. 마침 구청에서는 지역의 의료생활협동조합과 공동사업을 진행하고 있었습니다. 그쪽에 협동조합의 경험이 풍부하기 때문에 교육 진행을 부탁했습니다. 그분들이 격세지감을 느낀다고 말했습니다. 이전에는 민간에서 관에게 협동조합을 지원해 달라고 요청하는 입장이었는데 이제 그 반대가 되었다는 것이었습니다.

협동조합학교에서 현장방문 학습의 하나로 안성 체험학습을 다녀왔다.

이제 협동조합 운영이 잘되면 영유아 보육을 넘어 초중고 학생들의 방과후 프로그램도 계획할 수 있을 것입니다. 그것은 주민들의 사교육비 절감으로 이어질 것이고 그만큼 생활수준 향상에 보탬이 될 것입니다. 나아가 노인에 대한 돌봄 서비스로까지 확대할 수도 있습니다. 말하자면 삶의 전 영역에 걸쳐 공동체가 복원되는 것입니다.

저는 거기 만족하지 않습니다. 지금 우리가 당면하고 있는 환경 문제, 전 지구적 차원의 문제도 협동조합을 통해 대응할 수 있습니다. 이를테면 머지않아 고갈될 것이 확실한 석유를 대체할 에너지에 대해 지금부터 고민해야 합니다. 저는 이 문제도 에너지협동조합을 통해 태양열, 바람 등의 대체에너지를 공동으로 개발해야 한다고 봅니다. 이미 에너지협동조합 준비위원회를 발족시켰습니다. 21세기 행복한 삶의 대안은 협동조합에서 찾아야 합니다.

# 한겨울을 전기장판 하나로 때워요
―지역난방 문제

2010년 겨울은 유독 추웠습니다. 그때 이야기입니다. 겨울의 시작인 12월, 중계동 목화아파트에 '지역난방 공급을 중단하라'는 플래카드가 나붙었다는 동향보고가 들어왔습니다. 중계동 목화아파트는 한국토지주택공사가 준공하고 관리를 맡고 있는 영구임대아파트로 기초생활수급권자와 장애인 등이 많이 거주하는 곳입니다. 말하자면 가난한 서민들이 많이 사는 동네입니다. 저는 곧바로 자초지종을 확인해 보았습니다.

### 지역난방, 원숭이 꽃신인가?

내용을 알아보니 2008년에 사용요금도 저렴하고 효율적이라 하여 난방방식을 지역난방으로 바꿨답니다. 그런데 처음에 홍보했던 것과는 달리 요금이 비싸고, 작동 미숙 등으로 거액의 요금 폭탄을 맞는 가구까지 발생하는 등 문제가 많다는 것입니다. 그러자 한겨울인데도 지역난방 사용을 중단하고 전기장판 하나로 겨울을 나는 가구가 하나둘이 아니라는 것이었습니다.

사실 저는 취임 전부터 지역난방에 문제가 있다는 것은 알고 있었습니다. 그래서 선거공약에서도 지역난방 문제 해결을 집어넣었습니다. 하지만 문제가 이 정도로 심각할 줄은 미처 몰랐던 것이죠.

저는 다른 지역에서도 이런 민원이 있는지 살펴봤습니다. 매년 겨울에 지역난방 요금 고지서가 나오고 나면 민원이 폭증했고, 최근 들어 민원의 빈도가 더욱 많아지고 있음을 쉽게 발견할 수 있었습니다. 그런데도 그동안 구청 차원에서는 이 문제를 해결하려는 노력을 보인 적이 없었습니다. 이 일의 주관부서는 서울시 SH공사 산하에 있는 집단에너지사업단이었기 때문에 구청에 민원이 들어오면 서울시로 이첩하는 수준에 머물러 왔던 것입니다.

노원구에서 지역난방은 1994년부터 시작되었습니다. 이 무렵 서울시는 목동에 이어 상계동에 쓰레기 소각장을 완공했는데 주민들의 반발이 심했습니다. 그러자 주민들을 달래기 위해 쓰레기 소각 과정에서 발생하는 폐열을 저렴한 가격에 지역주민들에게 공급할 것처럼 홍보했습니다. '지역난방을 선택하면 중앙난방에 비해 난방비가 50% 절감된다.' '지역난방을 선택하면 집값이 오른다.' 등의 홍보에 현혹된 지역주민들은 상당한 비용을 들여 지역난방으로 전환했습니다.

당시 저는 노원구의회 의원으로 일하고 있었습니다. '지역난방특별위원회'를 구성하여 문제점을 검토했었는데, 공청회에서 제가 담당자에게 질문했습니다. "일단 지역난방으로 열원시설을 교체하면 되돌리기가 불가능한데, 당장에는 싼 요금으로 공급하다가 나중에 요금이 오르면 어떻게 할 것인가?" 이 질문에 대해 담당자는 절대로 그럴 리가 없다고 답변했었습니다.

그런데 제가 우려했던 대로 저렴한 요금으로 한겨울을 따뜻하게 보낼 수 있다고 하여 시작한 사업이 15년이 지난 지금 비싼 요금 때문에 전기장판 하나로 겨울을 춥게 나야 하는 상황으로 바뀌게 된 것입니다. 노원구 전체 21만 세대 중 거의 절반에 해당하는 9만 6천 세대가 지역난방을 사용하고 있습니다. 그 많은 가구가 한꺼번에 다른 난방방식을 바꿀 방법도 없었습니다.

저는 정휘창 선생이 쓴 동화 「원숭이 꽃신」이 생각났습니다. 어느 날 원숭이는 오소리에게서 예쁜 꽃신을 선물로 받았는데 폭신폭신하고 따뜻해서 너무 좋아합니다. 더구나 꽃신을 신으니 돌부리를 차도 발이 아프지 않았습니다. 그런데 문제가 생겼습니다. 이제는 꽃신을 신지 않으면 발이 아파 걸을 수가 없었던 것입니다. 노원구 절반의 가구가 그야말로 꽃신 신은 원숭이 같은 신세가 된 것입니다.

**지역난방, 무엇이 문제일까?**

저는 비록 구청에 권한이 없더라도 주민들의 불만이 있는 한 해결책을 찾아보아야 한다고 생각했습니다. 문제를 해결하기 위해서는 먼저 원인을 규명해야 했습니다. 그래서 구청 공동주택지원과 산하에 지역난방개선대책추진단을 구성하고 실태조사와 연구를 시작했습니다. 그리고 지역난방을 많이 사용하는 세대는 제가 직접 주민들을 만나 현장의 목소리를 듣기도 했습니다.

예상했던 대로 문제가 매우 심각했습니다. 실태조사 결과 거의 1만 세대가 한겨울에 지역난방 밸브를 잠근 채 추운 겨울을 나고 있었습니다.

실태조사와 연구 결과 여러 가지 문제가 드러났습니다. 가장 큰 문제는 강남구 등 서울 11개 자치구에 지역난방을 공급하는 '지역난방공사'의 열요금에 비해 노원구 등 6개구에 지역난방을 공급하는 'SH공사 집단에너지사업단'의 열요금이 17%나 비싸다는 점이었습니다. 난방은 전기, 가스, 수도, 대중교통요금 등과 같은 공공재적 요소이고, 주민의 선택이 제한되어 있기 때문에 최소한 같은 도시 안에서는 균일해야 됨에도 불구하고 실제 요금을 비교한 결과 차이가 크다는 사실이 처음으로 확인된 것이었습니다.

두 공급 업체 사이에 요금 차이가 나는 요인은 여러 가지였습니다. SH공사 집단에너지사업단의 열공급원은 쓰레기 소각열이 17%에 불과하고 나머지는 LNG를 사용하는데, 그마저도 소매로 공급받고 있었습니다. 반면 지역난방공사는 LNG를 도매로 공급받는 한편, 열과 전기를 동시에 생산하여 판매함으로써 효율이 훨씬 높았습니다.

그 밖에도 지역난방공사에는 사용고객대표와 전문가 등이 참여하는 요금검증위원회 제도가 있는 반면 집단에너지사업단에는 그와 같은 안전장치 없이 자의적으로 요금을 인상해 왔고, 사회적 배려 대상자에 대한 감면 제도도 별도로 두지 않고 있었습니다.

## 언론의 힘을 빌리다

저는 이와 같은 문제점을 확인한 뒤 서울시에 지역난방공사 수준으로 요금을 인하하는 등의 제도 개선 방안을 건의하였습니다. 그러나 예상했던 대로 서울시의 태도는 미온적이었습니다.

그런데 2011년 1, 2월 들어 강추위가 계속되었습니다. 일반적으로 겨울철 북극의 기온은 영하 40도가 넘는데 제트기류가 형성되어 찬 공기를 빨아들인다고 합니다. 그런데 지구 온난화의 영향으로 북극에 제트기류가 약화되어 시베리아의 찬 고기압이 한반도까지 내려와 영향을 미쳤다는 것입니다.

2011년 2월 18일 지역난방 문제점 개선을 위한 주민대책위원회에 참석해 구청의 실태조사 결과와 그를 바탕으로 서울시에 요금인하 등 개선책을 건의했다는 내용을 설명했다.

추운 날씨가 계속되자 언론의 관심도 이와 관련된 뉴스를 집중적으로 보도하고 있었습니다. 저는 언론을 통해 여론에 호소해야겠다고 생각했습니다. 그래서 구청 출입기자들에게 우리 구 서민 아파트의 실정을 알렸고 이것이 보도되자 예상 이상으로 여론의 반향은 컸습니다. 첫 신문 보도 이후 KBS와 MBC 등 거의 모든 매체에서 노원구의 딱한 사정을 다뤘습니다. 그런 가운데 노원구 임대아파트에 사는 통장 한 분이 지역난방요금이 너무 많이 나온다는 주민들의 항의에 괴로워하다가 자살하는 안타까운 일이 터졌습니다. 이것이 언론에 보도되자 타는 불에 기름 붓는 격이 되었습니다.

이 같은 상황이 계속되자 서울시는 마침내 임대아파트는 당장, 분양

강남보다도 비싼 지역난방비 때문에 추운 한겨울에도 전기장판만 켜고 사는 가구가 늘어나고 급기야 지역난방비 문제로 통장까지 자살하는 안타까운 일이 있어 2011년 1월 7일 KBS 뉴스라인 TV신문고에 출연해 지역난방 문제의 합리적 해결이 필요함을 강조했다.

아파트는 3개년에 걸쳐 요금을 인하하는 한편, 임대아파트의 경우 새시 교체를 통해 단열효과를 높이는 등의 개선대책을 발표하게 되었습니다. 구청의 권한이 없는 사안이었지만 언론을 통해 여론에 호소함으로써 해결책을 찾아냈던 것입니다.

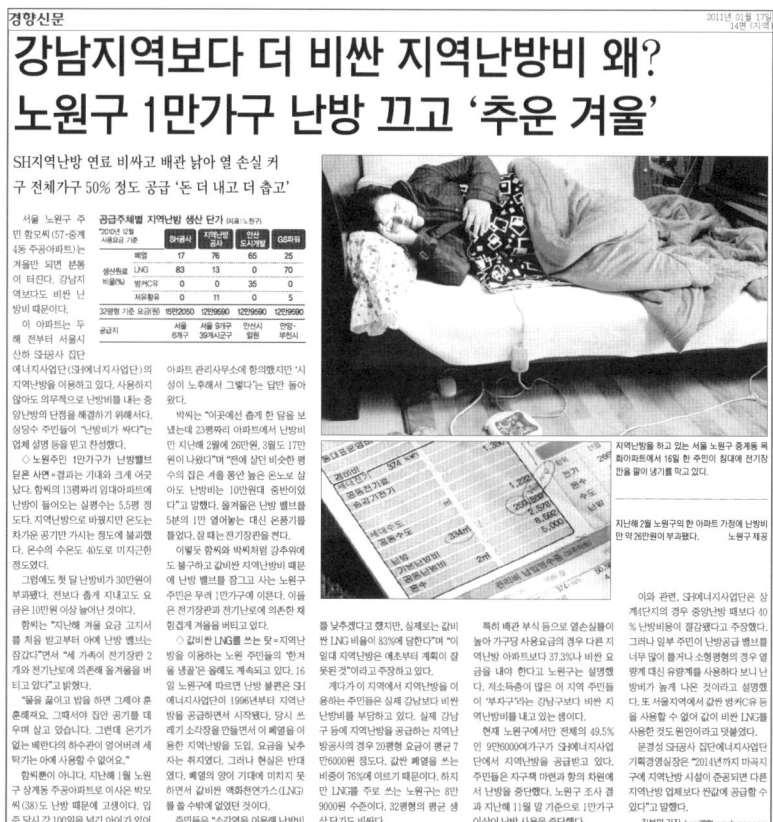

경향신문은 2011년 1월 17일에 많은 지면을 할애해 노원구의 지역난방 문제를 상세히 보도했다.

## 숨은 영웅들

서울시는 대책을 발표한 이후, 원가 절감을 위해 의정부와 양주 소각장의 폐열을 활용하기 위해 관로 공사를 추진하는 등 원가 절감을 위해 많은 노력을 기울이고 있습니다. 그러나 여전히 해결돼야 할 과제가 남아 있습니다. 지식경제부가 키를 쥐고 있는 LNG 공급 가격을 소매가에서 도매가로 바꾸는 일입니다. 분양주택의 열손실을 최소화하기 위한 단열 대책과 낡은 배관의 교체를 통해 열효율을 높이는 일도 소홀히 할 수 없습니다.

돌이켜 보면, 서울시가 100억 원이 넘는 예산이 소요되는 대책을 내

**지역난방 관련 서울시 대책 발표 요지(2011. 2.17)**

| | |
|---|---|
| ① 요금인하 | • 임대아파트 : 2011년 2월부터 11% 인하<br>• 분양아파트 : 2011년 동결, 2012년 3%, 2013년 3%, 2014년 5%(총 11% 인하) |
| ② 임대아파트 단열보강 | • 20년 이상 된 임대아파트 5,408세대 새시 교체 완료 (세대별 약 105만원 수혜)<br>• 단열효과 8.5% 증가 및 난방비 3.4% 절감 |
| ③ 사회적 배려 대상자 기본요금 감면 | • 소요비용 연 4억 원 예상(세대별 평균 16천원)<br>• 감면대상 : 약 25,000세대 |
| ④ 요금인상 검증위원회 도입 | • 열공급 규정 개정 완료(주민참여 명기) |
| ⑤ 요금 분배, 사용방법 등 홍보와 교육 실시 | • 홍보물 제작 배포<br>• 단지별 순회 홍보 및 요청시 주민 교육 실시 |
| ⑥ LNG도매구입 방안 마련 | • 관련 법령 개정 지속적인 요구(추진중) |

놓도록 한 데는 언론의 힘이 컸지만 눈에 보이지 않게 노력한 이들의 공도 무시할 수 없었습니다. 집단서명 등으로 적극 참여한 주민들과 헌신적으로 노력한 담당공무원이 그들입니다.

특히 저는 구청장으로서 지역난방개선대책추진단에 참여한 공무원에 대해 포상을 하기로 했습니다. 누구보다도 당시로서는 상을 받을지 벌을 받을지 모르는 일을 과감하게 주도한 공동주택과 조동진 과장을 잊을 수 없었습니다. 강직하면서도 분별력이 있어 정년이 6개월만 더 남았어도 국장으로 승진시켰을 텐데 하는 아쉬움을 소주 한잔 사는 것으로 달랬습니다. 그 밑에서 실무를 총괄한 사람은 이철재 팀장이었습니다. 2011년 여름, 이 팀장을 노원구 9만 6천 세대 주민의 오랜 민원을 해결한 공로를 인정해 과장으로 승진시켰습니다. 이 팀장과 함께 연구, 분석, 홍보 등 실무를 밤새워 했던 팀원들은 근무평정을 고려할 때 당장 승진을 할 조건은 되지 않았습니다. 그래서 노원구청 개청 이래 처음으로 승진 대신 1호봉 특별 승급을 시켰습니다. 그들에게 상을 준 것은 다른 공무원들에게도 주민을 위해 헌신적으로 봉사하는 공무원이 출세한다는 것을 보여 주기 위해서이기도 했습니다.

또 겨울이 오면 어떤 문제가 새롭게 등장할지 모릅니다. 그러나 계란으로 바위치기와 같은 심정으로 시작한 지역난방 개선사업에 도전했던 마음가짐이라면 앞으로 닥칠 어떤 일도 이보다는 쉬울 것 같습니다.

제2부

# 공존의 시대 살아가기

# 화석연료 없이 살 수 있을까
―노원에코센터

제가 구청장 후보로서 선거운동을 하던 때의 일입니다. 상계동 마들근린공원을 지나다 보니 그곳에 이상한 건물 하나가 지어지고 있었습니다. 그 지역에서 30여 년을 산 김생환 시의원 후보에게 물어보았더니 그도 모르고 있었습니다. 이곳은 이전에 야외수영장이 있던 자리였습니다. 그런데 이용객이 적고 운영이 잘 안 돼서 전임 구청장 재직 중에 폐쇄했었습니다. 제 궁금증은 구청장에 당선되고 인수위원회 시기에 밝혀졌습니다.

**에너지 제로 하우스, 에코센터**

인수위 시절에 구청 직원들에게 확인했더니 유물 보관소를 짓는 중이라고 했습니다. 웬 유물 보관인가 했더니 사정은 이러했습니다.

전임 청장이 중계동 산자락에 자연사 박물관을 유치하려는 계획을 세웠습니다. 이를 위해 100만 명 서명운동도 하고, 박물관에 전시하려고 공룡 유물 등 유물을 소장하고 있는 사람들도 접촉했습니다. 그리고 실제로 구청 로비에서 공룡 전시회를 여러 차례 열기도 했습니다. 그때 나중에 박물관에 전시하려고 상당수의 유물을 매입하기로 했답니다. 그런데 이후에 자연사 박물관 사업은 정부가 중단하는 바람에 중도에 폐기돼 버렸습니다. 그래서 매입을 추진한 유물을 별도로 보관할 장소가 필요했고 그 건물을 수영장 터에 짓고 있었던 것입니다.

이것은 주민들로부터 그토록 지탄 받는 낭비성 사업의 단적인 예였습니다. 이미 폐기된 사업을 위해 새 건물을 짓는다는 것은 주민의 상식으로는 용납될 수 없는 일이었습니다. 저는 그 공사를 당장 중지시켰습니다.

하지만 건설 도중에 중단한 건축물을 그냥 방치하는 것은 흉물스러웠습니다. 어떻게 할까 고민하다가 지금 시대의 화두가 환경 문제라는 데 생각이 미쳤습니다. 그래서 환경교육센터로 용도를 바꾸기로 했습니다. 환경교육센터이니 이왕이면 화석에너지를 사용하지 않는, 에너지 제로의 친환경 건물을 짓는 것으로 했습니다.

그런데 문제가 있었습니다. 이미 공사는 골조가 거의 다 올라가 있는 상태였습니다. 애초에 환경은 전혀 고려하지 않았기 때문에 자연광이나 태양열을 이용하는 구조로 바꾸기가 쉽지 않았던 것입니다.

친환경 건물의 전문가로 알려져 있는 명지대 이명주 교수에게 설계를 맡기기로 하고 직접 만나서 이야기를 해 보니 건물형태가 채광 등을 전혀 고려하지 않고 설계가 되었다는 겁니다. 오히려 빛이 들어오는 남

쪽은 다 벽으로 가로막고 반대로 빛이 안 들어오는 쪽은 창을 크게 냈다는 겁니다. 이 구조로는 도저히 안 된다는 것이었습니다.

저는 당신한테 전권을 줄 테니 구조를 다 뜯어고쳐서라도 한번 에너지 제로 건물을 시도해 보라고 했습니다. 첫 설계를 완성해서 가져왔는데 아무리 해도 에너지 제로 하우스는 안 나온다며, 에너지 제로 하우스라는 이름은 떼는 것이 좋겠다고 했습니다.

저는 비용이 좀 더 들더라도 최선을 다해서 에너지 제로 하우스를 완성시켜 보자고 했습니다. 그래야 한국 사회가 한 단계 전진을 한다고 간곡하게 설득했습니다. 마침 건물 바로 옆에 마들스타디움이라는 것이 만들어져 있었습니다. 이곳에 이미 약 10킬로와트 규모의 태양광 발전 시설을 해 놓았습니다. 그 전기를 끌어다 쓰기로 해서 설계 기준으

노원에코센터 전경. 사업 폐지로 공사가 중단된 건물을 다시 재활용해 에너지 제로 하우스 개념을 구현하려고 애썼다.

로는 에너지 제로 하우스를 맞춰서 드디어 완공할 수 있었습니다.

이렇게 해서 2012년 2월 10일 개관한 노원에코센터는 구민들의 환경교육기관으로 제몫을 톡톡히 해내고 있습니다. 개관한 지 한 달 남짓한 3월까지 3천 명에 가까운 학생과 주민이 이곳의 프로그램에 참여했습니다.

서울시에서도 우리와 같은 개념의 에너지 제로 하우스를 하나 짓고 있습니다. 사실 서울시가 우리보다 먼저 시작했습니다. 그런데 서울시에서는 독일의 전문가까지 초빙해서 엄청난 예산을 들여서 하고 있지만 아직도 완공하지 못하고 있습니다. 아마도 사공이 많아서 그런 면도 있다고 봅니다. 우리의 경우는 국내 전문가 한 사람에게 전권을 주었기 때문에 신속하게 진행될 수 있었습니다. 당사자인 이명주 교수도 상당한 자부심을 갖고 있습니다.

## 신자유주의 시대 이후의 대안은 녹색

사실 제가 구청장 후보로 나서면서 내건 구호가 '교육중심 녹색복지도시 노원'이었습니다. 평소에도 환경 문제에 관심이 많았고, 우리의 미래가 녹색에 있다고 믿어 왔기 때문입니다.

제 취미가 뭐냐고 질문을 받을 때 좀 쑥스럽습니다. 독서라고 대답하곤 하는데 제가 생각해도 참 촌스럽습니다. 하지만 정말 저는 늘 책 속에서 길을 찾아왔습니다. 대학생 시절부터 우리 사회가 어디로 가야 하느냐 하는 고민을 할 때마다 책을 손에서 놓지 않았습니다. 특히 베를린 장벽이 무너진 다음에 세계가 어디로 가고 있는지 방향을 찾기 위해

# 노원에코센터
## 리모델링 Before & After

### 리모델링 Before

향을 고려하지 않은 창문계획

요철로 인한 열교점 증가

틈새시공

단열재가 없는 열교부위

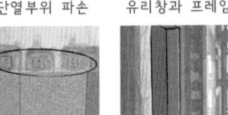
철물설치로 인한 단열부위 파손

단열성능이 없는 유리창과 프레임

### 리모델링 After

노원에코센터는 에너지 절약, 에너지 생산,
친환경 요소를 결합하여 리모델링한 제로에너지 건축물 입니다.

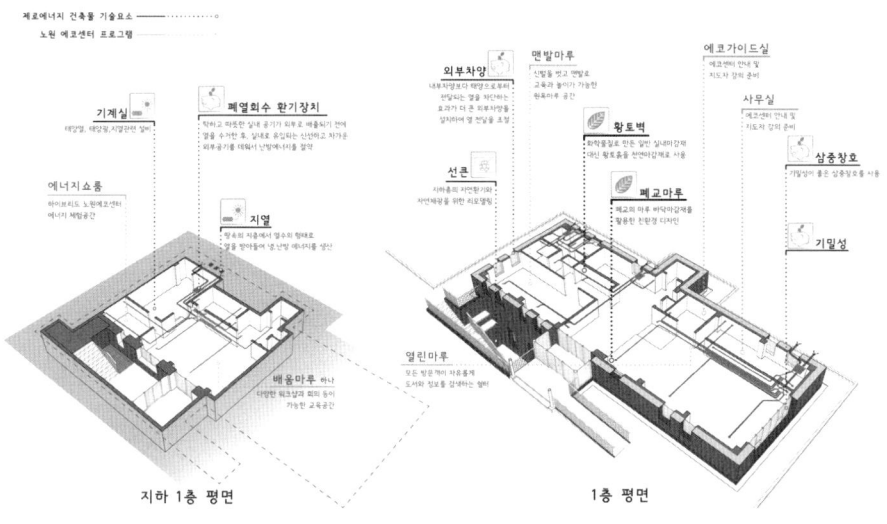

지하 1층 평면 / 1층 평면

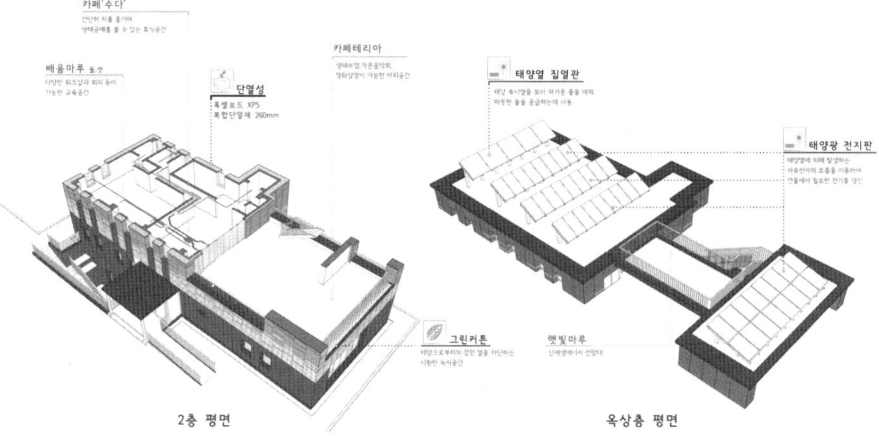

2층 평면 / 옥상층 평면

### 건축개요

**주소:** 서울시 노원구 상계동 770-2번지
**건축주:** 노원구청
**설계:** 이명주 (명지대학교 교수)
　　　임희정 ((주)제드엠제이 건축사사무소 대표)
**설계 및 감리:** 황경민 ((주)제드엠제이 건축사사무소 팀장)
**에너지&열교시뮬레이션:** 추소연 ((주)제드엠제이 건축사사무소 소장)
　　　　　　　　　　　 김원석 ((주)제드엠제이 건축사사무소 팀장)
**인테리어:** S.O.M Design Studio
**시공:** 신석종합건설(주)
**창호:** 3중유리 시스템 단열창호
**외부마감:** 라미남타일, 고흥석
**단열재:** 록셀보드 XPS 복합단열재 260mm
**창호 열 관류율:** 0.91W/m²℃
**연간난방에너지 요구량:** 16kWh/m²·a
**태양광:** 25kW　**태양열:** 6kW　**지열:** 8RT

Zedmj Zero Energy Design Myong-Ji University

고민을 많이 했습니다. 그 무렵에 한창 신자유주의가 발호했습니다. 저는 이제 자본주의를 부정할 것이 아니라 타협하고 절충해야 하는 시대가 되었나 보다 생각했습니다. 그래서 진보주의자도 시장경제를 받아들여야 한다는 제3의 길 같은 것을 다룬 책들을 탐독했습니다.

그런데 그 무렵에 제 관심은 누가 이끌지 않았는데도 환경 문제로 옮겨 갔습니다. 저를 이끌어 준 이를 굳이 찾자면 사람이 아니라 책이었습니다. 바로 월드워치 연구소에서 만든 『지구환경보고서』였습니다. 국내의 도요새 출판사에서 번역해 출판한 이 책은 1년에 한 번씩 나오는, 말하자면 연감 같은 책이었습니다. 제가 이 책을 2001년도 판부터 한 해도 안 빼고 거의 완독을 했습니다.

노원에코센터는 개관 한 달 남짓한 기간에 3천 명에 이르는 주민이 환경교육 프로그램에 참여하는 등 제 역할을 톡톡히 하고 있다. 사진은 센터에서 운영한 어린이 기후 프로그램에 참여한 어린이들이 보드게임을 이용해 기후변화에 대해 이해하는 놀이 모습.

현재 2011년도 판까지 나왔는데 제일 의미 있게 읽었던 것은 2008년도 판입니다. 2008년도 판부터는 매년 책 제목을 달리해서 내기 시작했는데, 그해의 제목이 『탄소경제혁명』이었습니다. 이 책은 이제 신자유주의 시대는 끝났다, 새로운 패러다임으로 세계를 바라보아야 할 때라고 주장하고 있습니다. 단기적으로 보는 이들은 국경을 자유롭게 넘나드는 초국적 금융자본을 적절하게 규제해야 한다, 자본주의의 탐욕을 어느 정도 억제해야 한다는 수준의 주장을 합니다. 그러나 환경운동을 하는 사람, 특히 환경경제학을 하는 분들 입장에서 보면 근본적으로 고전경제학을 바꿔야 한다고 주장합니다. 그동안의 경제학은 환경을 고려하지 않거나, 혹은 외부변수 정도로만 고려했습니다. 하지만 그런 시각으로는 지금 이 지구가 버틸 수 없다는 것입니다. 지구가 지속 가능한 범위 내에서 경제가 움직일 수 있도록 시스템을 근본적으로 바꿔야 한다는 주장을 펴는데 제가 보기에는 그 얘기가 맞는 것 같았습니다.

이런 시각으로 지방자치단체 차원에서 할 수 있는 일이 뭘까 늘 고민합니다. 노원에코센터가 탄생한 것은 저의 이러한 고민 속에서 자연스럽게 탄생하게 된 것입니다.

**지속가능한 노원구를 위하여**

노원에코센터를 운영하는 주체는 노원지속가능위원회입니다. 원래 신자유주의 시대 이후의 패러다임 변화라는 관점에서 보면 이 위원회가 구정 최고의 위치에서 구정 전반의 구조를 개조하는 일을 맡아야 합니다. 하지만 그것은 너무 앞서 나가는 것이어서 불필요한 혼란과 갈등을 유발할 수 있습니다.

　그래서 현재로서는 구청장이 구청 측 대표를 맡고 민간에서 생명의 숲 국민운동본부를 주도했던 건국대 김재현 교수가 대표로 참여하는 민관합동기구로 출범을 했습니다. 이 기구의 사무국이 에코센터 운영을 맡기로 했습니다. 이 기구가 점차 활동 영역을 넓혀 가면서 주민들 사이에 환경 문제에 대한 의식을 확산시키고 그것에 비례해서 점차 행정의 영역 안에서도 환경이 차지하는 비중을 높여 갈 것입니다.

## 한국판 베드제드 가능할까
—에너지 제로 하우스

우리나라 사람들이 최근에 환경 문제에 관심이 높아지면서 공무원이나 전문가들이 영국의 베드제드라는 곳을 많이 견학합니다. 베드제드는 런던 남부 외곽에 위치한 주거 단지로 원래는 하수처리시설이었던 곳을 친환경적으로 재개발한 곳입니다. 8개동 82가구의 이 단지에서는 바람, 태양, 폐목재를 주요 에너지원으로 함으로써 기존 주택에 비해 전기 사용량 25%, 물 사용량 50% 절감에 성공했습니다. 이러한 저에너지 친환경 주택을 패시브 하우스라고 부릅니다.

**패시브 하우스, 한국은 아직 실험중**

제가 에코센터 지으면서 거듭 확인한 것이지만, 한국도 에너지의 3분의 1을 소비하고 있는 주택 분야에서 빠르게 에너지 절약이 필요하다고 판단했습니다. 한국도 영국의 베드제드처럼 패시브 하우스 개념을 본격적으로 도입할 때가 되었다고 본 것이죠.

그렇다면 두바이에 세계에서 가장 높은 빌딩을 지은 한국의 건축기술이 이 분야에서는 얼마나 발전했을까 궁금했습니다. 경기도 용인에 삼성이 지은 모델하우스인 투마로우와 동탄에 대우건설이 지은 제너하임 주택 등 가능한 현장을 둘러봤습니다. 건축의 최첨단 기술을 활용한 단독주택 모형이었습니다. 저는 기본적으로 내부 단열과 삼중 유리창 등을 통해 에너지 효율을 높이는 한편, 냉난방은 지열을 활용하고, 가전기기 사용을 위한 전기는 태양광발전을 활용하면 단독주택에서 에너지 제로 하우스를 짓는 것은 큰 어려움이 없겠다고 느꼈습니다.

영국 런던 남부 외곽에 있는 베드제드 전경. 베딩톤 제로 에너지 단지(Beddington Zero Energy Development; BedZED)의 약자로 영국 최초의 성공적인 환경 친화적 주택 단지이다. 소모되는 만큼의 에너지를 새롭게 다시 만들어낼 수 있는 공간으로 설계된 베드제드는 82개의 아파트주택, 복층 아파트, 타운하우스, 복지회관과 탁아소를 포함한 작업공간으로 이뤄졌다.

그렇다면 한국의 주거모델의 전형이 되어 버린 공동주택은 어떻게 해야 할까? 인천 송도에 대림건설과 연세대가 정부 지원을 받아 건설한 실험주택을 가 보았습니다. 이곳에서는 공동주택 형태의 건축물에 에너지 효율 40%, 60%, 80% 등의 아파트를 건축하여 실험하고 있었습니다.

현장에서 설명을 하는 분께 '실험용 주택 말고 실제 거주하는 아파트 중에 패시브 하우스 개념을 적용한 곳이 있는지' 물어봤습니다. 담당자는 현재는 패시브 20% 수준의 아파트를 짓고 있는 수준이라고 했습니다.

주택건축 분야에서 에너지 절약형 건축물이 발전하지 못한 이유가 여러 가지가 있겠지만, 오세훈 시장 시절 디자인을 중시한 정책도 한몫했다는 생각이 들었습니다. 이 시기에 지어진 서울 전역의 공공건물들은 대부분 유리로 덮인 건물이 지어졌습니다. 이런 건물은 여름엔 유리창 옆의 실내 온도가 40도가 넘고 겨울에는 너무 춥다고 합니다. 디자인이 건축기술을 오히려 후퇴시킨 꼴이 되어 버린 것이죠.

**한국판 베드제드 실험, 성공할 수 있을까?**

노원구는 송도와 같은 실험용 패시브 하우스 공동주택이 아니라 실제 거주용 주택을 짓기로 했습니다. 이른바 이 분야에서 '사고를 좀 쳐서' 공동주택의 건축기술을 환경친화적으로 업그레이드를 해보자는 것입니다. 한국판 베드제드. 베드제드를 보기 위해 굳이 영국까지 가지 않더라도 한국에서 그와 같은 주택을 현실에서 보여 주자는 것이 구의 목표입니다.

이 실험이 성공하여 공동주택에서 에너지를 획기적으로 절감할 수 있다면 국가 전체의 에너지 비용 절감 측면에서 엄청난 효과를 발휘할 수 있을 것입니다. 또한 현실화되고 있는 기후변화와 석유 고갈 등에 대해서도 좀 더 능동적으로 대처할 수 있을 것입니다.

문제는 땅. 마침 노원구에는 서울온천 옆에 20년 동안 학교용지로 묶여 있던 땅이 있습니다. 원래는 고등학교를 지을 예정이었는데, 최근 출산율이 줄어 학교를 더 지을 필요가 없어지자 교육청이 포기를 했고,

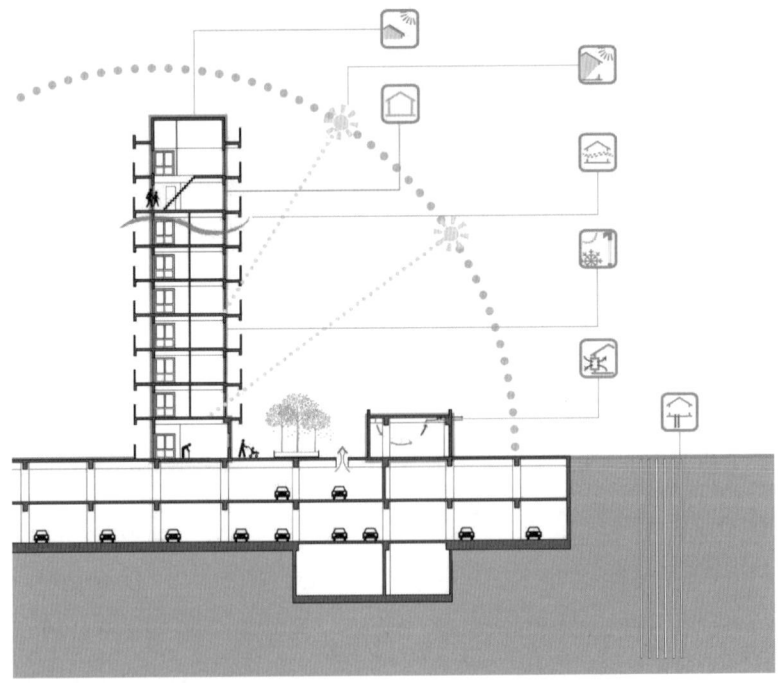

제로 에너지 하우스 개념도

유일하게 조성원가 기준으로 땅을 매입할 수 있는 구청이 LH공사로부터 매입하여 이제는 구가 소유한 땅이 되었습니다.

현재는 기본 용역을 진행 중인데 거의 마무리 단계에 있습니다. 에너지 절감은 기존 공동주택의 60% 수준으로 하고, 주거 기간은 공무원 임대아파트와 같이 4년을 기준으로 하여 보다 많은 주민들에게 새로운 주택을 저렴한 가격으로 체험하게 할 예정입니다.

건축비용은 기존 공동주택에 비해 대략 20% 정도 늘어나지만, 건축 후 에너지 절감을 고려하면 약 10년 정도면 오히려 더 경쟁력이 있는 주택이 될 수 있습니다.

조만간 박원순 시장과 협의하여 구체적 추진 계획을 수립할 예정인데, 서울 동북부에 한국판 베드제드가 만들어진다는 상상만으로도 즐거움이 밀려옵니다.

# 우리 집에 열이 새고 있다구요?
―에너지 컨설팅과 집수리 사업

자원봉사가 활성화되면서 주요한 봉사 방식으로 자리 잡은 일이 집수리 사업입니다.

임대아파트 단지의 경우에는 정부나 서울시가 정기적으로 집수리를 해 주지만, 저소득층이 거주하는 일반주택지역의 경우에는 사업대상이 너무 많습니다. 노원구에는 상계3·4동 뉴타운 예정지역과 재개발을 앞두고 있는 104마을 같은 경우가 대표적이라 하겠습니다.

**열화상카메라 등장하다**

집수리를 하게 되면 일반적으로 낡은 도배지와 장판을 바꿔 주는 방식이 그동안의 관행이었습니다. 이것만으로도 집이 깨끗해지니 봉사하는 분들이나 거주하는 분들 모두에게 기쁨을 주었습니다.

그런데, 집수리를 하면서 난방상태를 점검해 봤더니, 전기장판 하나로 겨울을 나는 세대가 너무나 많았습니다. 이유인즉 낡고 오래된 집일수록 단열효과가 떨어져 겨울에 난방비를 감당할 수 없었기 때문이었습니다. 도배와 장판을 새로 해서 분위기는 좋아졌을지 모르지만 저소득층 서민 가구의 겨울나기는 여전히 추울 수밖에 없었습니다.

어떻게 해야 할까? 문득 액션영화에 등장하는 로봇의 눈에 비친 열화상 장치가 떠올랐습니다. 열화상카메라를 이용하면 열이 어디서 얼마만큼 새고 있는지를 측정할 수 있고, 이런 부분을 체크하여 집수리를 하면 훨씬 효과적이겠다고 생각했습니다. 단열과 창호 교체 등을 통해 열손실을 최대 40%까지 방지할 수 있다는 관련 자료도 참고했습니다.

생각이 여기에 이르자 우선 복지정책과에 '우리집 에너지 컨설팅 추진반'을 구성하고 열화상카메라를 2대 구입하였습니다. 이 추진반에서는 주민홍보, 접수 및 안내, 예산을 지원하고, 집수리 사업은 노원구의 사회적기업인 일촌나눔하우징(노원집수리센터)이 맡기로 했습니다.

열손실 컨설팅은 노원구민이면 누구나 신청할 수 있게 했습니다. 다만 저소득층의 경우에는 가구당 100만 원의 범위 내에서 집수리를 무상으로 해 주었고, 일반 가구는 최소한의 실비를 받거나 에너지 컨설팅만 무상으로 해 주는 방식이었습니다.

**도배장판 수리 전에 단열시공부터**

2011년 늦가을 본격적으로 열화상카메라를 동원한 단열보강 집수리

노원구가 2010년부터 새롭게 시작한 열관리형 집수리사업은 단순히 도배, 장판 정도만 새로 해 주는 것이 아니라 단열 보강까지 해주는 사업이다. 사진은 관내 곳곳에 붙인 포스터.

사업을 시작했습니다. 저도 현장에 가서 거들었습니다. 블록담장 하나로 집을 지은 가구는 바깥의 추운 냉기가 집안으로 그대로 들어오고 있었고, 오래된 문짝 사이로도 추운 겨울 공기가 매섭게 파고들고 있었습니다. 낡은 도배지를 걷어 내고, 제일 먼저 하는 일은 압축단열재를 붙이는 일, 숙련된 조교(?)가 안방의 벽에 단열재를 붙이고, 창호를 고치거나 바꿔 주는 일이 우선 진행됩니다. 그리고 그 위에 새로운 도배지를 붙입니다.

단열재 붙이는 일을 거들며, 집수리센터에서 일하는 분의 얘기를 들

상계3·4동에 홀로 거주하고 계시는 어르신의 집을 열관리형으로 수리한 전·후의 비교 사진. 열화상 카메라로 측정한 결과 수리 전 평균온도는 12.8도였으나, 수리 후 평균온도는 21.7도로 나타났다.

을 수 있었습니다. 환갑이 넘으신 분인데, 자신의 장기를 살려서 '일도 하고 서민들도 도울 수 있어서 너무 보람 있다'고 하셨습니다. 그 말을 듣는 저도 참으로 기뻤습니다.

한번은 주공 4단지 아파트 단열시공 현장에도 나가 보았습니다. 노원구에는 82%가 아파트여서 일반주택뿐 아니라 아파트의 단열도 매우 중요한 일이기 때문입니다. 예상했던 바와 같이 베란다가 없고 외벽에 붙어 있는 공부방이나 침실은 바깥의 추위가 콘크리트 벽을 타고 그대로 안으로 전달되고 있었습니다. 이곳도 일반주택과 같이 압축단열재를 붙이는 작업을 하고 나니 내부 공기가 훨씬 훈훈함을 느낄 수 있었습니다.

이렇게 에너지 컨설팅을 한 가구가 지난겨울부터 지금까지 약 1천 가구가 있었고, 그중 무상으로 집수리를 한 가구는 103건에 이릅니다.

에너지의 3분의 1은 가정에서 사용하고, 그중 가장 많은 에너지는 냉난방에 쓰입니다. 그런데 냉난방 에너지의 상당 부분이 밖으로 새고 있었습니다. 노원구는 가능한 모든 가구에 에너지 컨설팅을 하는 한편, 저소득층뿐 아니라 일반 가정도 단열에 기초한 집수리를 할 수 있도록 할 예정입니다.

적은 에너지로도 따뜻한 겨울을 날 수 있도록 하는 일은 지구를 살리는 일이기도 합니다.

# 원전의 최대 수혜자 서울의 선택은
―탈핵 에너지 전환을 위한 도시 선언

노원구 차원에서 녹색을 생활화 하는 도중에 2011년 3월 일본 동부에 지진과 해일이 덮쳐 후쿠시마 원자력발전소가 붕괴되는 사고가 발생했습니다. 세계가 놀랐습니다. 화석연료를 줄이기 위해 원자력 발전소를 늘리려고 했던 대부분의 나라는 원전 건설 계획을 취소했습니다. 이미 더 이상의 원전을 건설하지 않기로 결정했던 독일과 스위스는 가동 중인 원전조차 점진적으로 폐쇄하기로 결정했습니다.

## 후쿠시마의 충격에도 원전 고수라니

그런데 유독 우리나라는 원전을 줄이기는커녕 14기를 더 짓겠다는 계획을 고수하고 있었습니다. 마침 그 무렵에 강원도지사 보궐선거가 있었습니다. 그 도중에 정부에서 속초에 원자력발전소를 짓겠다는 계획이 논란이 되었습니다. 후쿠시마 사건을 보며 국민들이 불안해하고 있는 마당에 제대로 쟁점이 부상한 것이었지요.

저는 이 이슈를 전면화시켜서 세게 붙어 보자는 입장이었습니다. 그런데 강원도지사 후보는 초기엔 소극적으로 대처하는 모습을 보였습니다. 시민사회에서는 이미 탈핵 교수 모임, 탈핵 법률가 모임, 심지어 탈핵 의사 모임도 생기고 있는 상황이었습니다. 이런 사실 앞에서 저는 고민을 거듭했습니다. '나는 무엇을 할 수 있을까? 특히 원전과 가장 멀리 떨어져 있으면서도 원전의 혜택을 가장 많이 받는 서울에서 무엇을 해야 할까?'

이에 몇몇 단체장들과 논의를 시작했습니다. 처음에는 수도권 단체장들의 모임으로 구상을 했다가 전국 모임으로 확대하기로 하고 제안서를 돌렸더니 의외로 전국의 45개 자치단체가 탈핵 에너지 전환 모임에 함께하겠다고 나서 주셨습니다. 우리 지자체에서도 뭔가 역사 발전에 좀 기여를 해야 되지 않겠느냐며 지방자치단체들끼리 모여 보자고 제가 제안했습니다.

이때 마침 박원순 서울시장이 원전 1기 줄이기를 제안했습니다. 그런데 그 사업을 기획한 사람이 노원지속가능위원회에서 그와 관련된 일을 하던 사람이었습니다. 그때 이미 에너지 절감을 최적화하면 구 차원에서도 원전 1기의 전기 생산량 10분의 1만큼은 줄일 수 있다는 결론을 얻었습니다. 단순한 계산으로 45개 자치단체가 원전 10분의 1씩만 수요 절감을 하면 그 자체로 원전 4~5기를 폐쇄할 수 있게 된 것입니다.

이렇게 해서 2012년 2월 13일 전국에서 골고루 45명의 단체장이 서울에 모여 '탈핵 선언문'을 발표한 것입니다.

사실 단체장 중에는 '탈핵'이라는 표현 때문에 거부감을 느끼는 분들도 있었습니다. 하지만 탈핵을 정치적으로 보지 말자고 했습니다. 독일의 경우를 보면 체르노빌 원전 사건 이후에 수요 절감을 기본으로 하면서 재생에너지 사용을 넓히고 있습니다. 그런데 우리는 에너지 값을 정책적으로 낮춰 놓고 전기를 더 많이 쓰라고 부추겨 왔습니다. 그래서 수요가 늘어나면 수요가 늘어난다는 이유로 화력발전소 더 짓고, 원전 더 짓는 정책을 이어 오고 있는 상황입니다. 한국의 에너지 정책에는 수요 절감이라는 단어 자체가 없었습니다. 그런 차원에서 이번에 최초로 수요 절감을 기본정책으로 선언하는 데 큰 의의가 있었던 것입니다.

단체장들의 탈핵 선언에 대해 누구보다도 시민단체 쪽에서 놀랐다

2012년 2월 13일 전국의 45개 지방자치단체장이 탈핵 선언문을 발표했다. 수요 절감을 통해 에너지 정책의 전환을 가져올 수 있는 최초의 시도인 만큼 그 의미가 남다르다.

고 합니다. 시민사회단체가 주장하는 경우는 많지만, 행정을 직접 책임 있게 집행하는 단체장들이 이런 주장을 하는 것을 본 적이 없기 때문일 것입니다. 특히 탈핵 운동하는 시민단체 입장에서는 45개 지방자치단체가 나서서 이 의제를 확대해 준 것에 대해서 굉장히 역사적으로 의미 있는 일로 받아들이고 있습니다. 사실 우리가 들인 공력은 별것 아니었는데 시민단체로서는 우리 덕분에 상당한 힘을 얻은 것 같습니다.

**후손에게 미안하지 않기 위해**

세계의 많은 사람들은 이미 알고 있습니다. 원자력은 결코 싼 에너지가 아니라는 사실을 말입니다. 그리고 원전에서 한번 사고가 나면 너무나 치명적이어서 아무리 사고 확률이 0.001%라 할지라도 그 0.001%의 확률 때문에 결코 화석연료를 대체할 에너지가 되지 못한다는 사실을 말입니다. 그런데 우리만 이 명백한 사실을 애써 피하고, 당장의 편리함 앞에 눈을 감고 있었습니다.

바둑을 두다 보면 외길 수순인 경우가 있습니다. 지금 지구촌의 에너지 정책이 그와 같다고 생각합니다. 원자력에 의존하지 않으면서 이산화탄소 발생을 최소화하는 길은 거의 외길 수순입니다. 에너지 수요 절감을 바탕으로 햇볕과 바람과 파도 등의 자연에너지를 수소와 전기 에너지로 바꾸는 데 집중적인 투자를 아끼지 말아야 합니다.

우리에게 시간이 얼마 남아 있지 않습니다. 지난 4월 세계적 환경단체 그린피스의 에스페란자호(스페인어로 희망이라는 뜻)가 인천항에 입항하여 다녀왔습니다. 그린피스는 한국의 환경단체 및 에너지 대안연

2012년 4월 20일 국제 환경단체 그린피스의 초청을 받아 인천항에 정박 중인 에스페란자호를 방문했다. 지구 생태계를 복원하는 일은 전 인류가 당장 행동해야 할 최대 과제이다.

대 등과 공동으로 에너지 혁명을 발표했는데 그 첫 글귀가 마음에 남습니다.

"먼 훗날 우리 아이들의 눈을 바라보며, '우리에게 기회는 있었지만, 용기가 없었다.' '우리에게 기술은 있었지만, 비전은 없었다.' 라고 말한 건가요?"

### 탈핵-에너지 전환을 위한 도시 선언

**기후변화 문제 해결, 지구촌 최대의 과제입니다**

산업혁명 이래 200여 년 동안 인류는 45억년 동안 지구가 누적한 화석연료를 한꺼번에 소비함으로써 생활의 편익은 높아진 반면, 기후변화라는 커다란 위기를 맞게 되었습니다.

이에 많은 국가들은 지구의 평균온도 상승을 2℃ 이하로 억제하거나, 대기중 이산화탄소 농도를 450ppm 이하로 막기 위해 에너지 수요 절감과 재생에너지 확대 등의 정책을 국가 주요 아젠다로 채택하여 행동하고 있습니다.

이러한 세계적 흐름에 비해, 에너지 소비 세계10위 국가인 우리 정부의 노력은 너무나 소극적입니다. 온실가스 감축을 위한 탄소배출권 거래제도 도입은 미뤄졌고, 재생에너지에 대한 목표도 2030년까지 11%에 그치고 있습니다. 대부분의 선진국이 재생에너지의 비율을 2030년까지 30%~50%까지 늘리려는 계획에 비하면 너무도 낮은 목표치라 하지 않을 수 없습니다.

또한 2011년 3월 후쿠시마 원전 사고 이후, 대부분의 국가는 원전 신설 계획을 중단하거나, 장기적으로 원전을 완전히 폐쇄하는 방향으로 에너지 정책을 전환하고 있습니다. 그러나 우리 정부는 원전 14기를 추가로 건설하겠다는 기존 계획을 여전히 고수하고 있습니다.

원전에 의존하지 않고, 파괴되고 있는 지구 생태계를 복원하는 일은 더 이상 미래의 문제가 아니라, 전 인류가 당장 행동해야 할 최대 과제입니다.

**인간과 자연의 공존을 위해 지방이 행동해야 할 때입니다**

그동안 에너지 정책은 국가적 과제라는 인식하에 지방자치단체 차원의 계획과 실천은 다소 소극적이었습니다. 그러나 인간과 자연이 공존하는 새로운 시대를 위해 지방도 이제는 에너지 정책의 당당한 주체로 나서야 할 때입니다. 특히, 원전에 대한 위험부담과 사회적 비용을 분담하지 않고 실질적으로는 수혜만 입고 있는 지방자치단체들이 이제는 상생(相生)의 입장에서 에너지전환을 위한 실천에 적극 나서야 할 때입니다.

위기는 새로운 기회이기도 합니다.
원자력과 같은 중앙집중형 에너지 시스템에서 재생에너지 중심의 지방분산형 에너지 시스템으로의 전환은 지방에 많은 일자리와 소득을 창출하여 국가 균형발전에 기여할 것입니다.
농어촌 대부분의 가옥 지붕에 태양광 발전을 설치하는 과정에서, 에너지 소비를 줄이고 건물의 단열 효과를 높이는 과정에서, 마을 단위로 에너지 협동조합을 만들고 풍력과 지열을 활용하는 과정에서 무너지는 농어촌과 중소도시는 새로운 활력을 찾게 될 것입니다.

생각은 세계적으로, 실천은 지방에서(Think Globally, Act Locally) 하라고 했습니다. 신재생에너지의 선도국가라고 하는 독일과 스웨덴 등도 지역의 모범적인 사례들이 국가정책으로 발전된 것처럼, 우리도 각자의 지역에 맞는 정책과 실천을 통해 우리 사회가 원자력으로부터 안전하고 미래세대를 위해 지속가능한 사회로의 전환을 시작해야 합니다.

이러한 취지와 인식에 함께하는 전국의 44개 지방자치단체장 일동은 다음과 같은 공동실천을 하고자 합니다.

첫째, 에너지 조례 제정 등을 통해, 지속가능한 도시를 위한 체계를 정비한다.

둘째, 산업, 가정, 상업, 수송 분야 등에 불필요한 에너지 수요를 절감하는 계획을 세우고 이를 실천한다.

셋째, 대기업 독점 방식이 아닌, 시민주도형 에너지 협동조합 방식으로 신재생에너지의 보급을 획기적으로 늘리기 위해 공동 노력한다.

넷째, 지속가능 에너지 정책을 통해 질 좋은 녹색일자리와 소득 보전을 통해 새로운 국가균형발전의 기반을 조성한다.

다섯째, 수명이 다한 원전의 가동중단 및 원자력발전소의 추가건립에 반대하고, 지속가능 에너지 중심의 국가로 나아가기 위해 연구와 실천을 통해 국가 에너지 정책의 전환을 이끌어 낸다.

2012년 2월 13일

탈핵-에너지 전환을 위한 지방자치단체장 일동

# 불편하게 살아가기
―지구온난화에 대한 대응

노원구의 구정목표는 '교육중심 녹색복지도시 노원'입니다. 특히 구정목표에 녹색을 표방하고 있는 구는 서울의 25개 자치구 중 유일합니다. 제가 녹색을 강조하는 이유는 현재 지구촌과 인류사에 가장 중요한 문제가 기후변화라고 생각하기 때문입니다.

이미 과학적으로 확인된 바와 같이, 인류는 지구가 46억 년 동안 진화과정에서 비축해 두었던 화석연료를 산업혁명과 함께 최근 200년 동안 그야말로 물 쓰듯 썼습니다. 그 결과 이산화탄소의 농도가 근대 이전의 280ppm보다 약 100ppm이 증가하였고, 지구의 온도 역시 약 0.8도 높아진 상태가 되었습니다. 이 상태가 지속된다면 2050년 이산화탄소 농도는 약 560ppm에 달하고 지구의 온도는 약 4도가량 오를 것으로 과학자들은 예측하고 있습니다.

따라서 인류는 최악의 경우에도 이산화탄소의 농도를 450ppm 이내로 막고, 지구의 온도 상승 역시 2도를 넘지 않도록 해야 한다고 보고 있습니다. 그럼에도 불구하고 이산화탄소 발생에 가장 큰 책임이 있는 미국과 중국이 눈앞의 이익 때문에 기후변화협약의 진전을 뒤로 미루고 있고, 이산화탄소 발생 10위 국가인 우리나라도 책임을 회피하기는 마찬가지입니다.

그리고 인류에게는 또 다른 어둠이 드리우고 있습니다. 『장기비상시대』라는 책을 보면 우리는 이미 저장되어 있는 석유의 절반 이상을 썼고, 앞으로 석유를 쓸 수 있는 시대가 37년밖에 안 남았다고 합니다. 우리가 누리는 산업혁명의 문명의 기저에는 값싼 석유가 자리 잡고 있습니다. 대부분의 운송수단이 석유에 의존하고 있을 뿐만 아니라 각종 플라스틱 제품도 다 석유에서 나옵니다. 그런데 만약 갑자기 석유가 지구에서 사라진다면 이 문명은 어떻게 되겠습니까.

석유문명에 기초한 인류의 생활방식이 석유의 고갈과 기후변화로 인해 어쩌면 공룡이 멸종했던 것과 같이 인류의 생존을 위협할지도 모른다는 경고가 울리고 있습니다.

이 같은 상황에서 지구의 일개 구청장이 할 수 있는 일은 무엇일까요? 저는 장기적인 안목에서 대비책을 세우는 것도 필요하지만 지금 당장 작은 일부터 실천해 나가는 일도 중요하다고 생각합니다. 이런 관점에서 저는 몇 가지 작지만 상징적인 일을 시작했습니다.

**우산 포장 비닐 없애기**

비가 오던 어느 날이었습니다. 아침에 출근하다 건물로 들어오는 길에 보니까 우산 포장기가 놓여 있었습니다. 백화점 같은 곳에서도 흔히 볼 수 있는 것이었죠. 저는 그때 이거라도 하나 치우면 어떨까 싶었습니다.

이후 조사를 해보았더니 우산 포장 비닐은 심각한 환경오염을 일으키고 있었습니다. 정부에서는 최대한 수거하여 재활용하려고 하지만, 수거된 비닐 중 약 50%는 검은 비닐로 가공되어 재활용마저 되지 않는다는 것이었습니다. 그러면 소각해야 하는데 이때에 인체에 유해한 오염 물질을 배출하게 됩니다. 매립한다고 해도 분해되는 데 약 100년이 걸린다고 합니다.

우리 구청에서는 이러한 우산 포장 비닐을 구입하는 데 연간 160만

비 오는 날 우산 포장 비닐 없는 구청 현관의 모습.

원을 지출하고 있었습니다. 전체 예산에 비하면 작은 액수지만 이것을 줄임으로써 환경오염 비용이 절감되는 것을 감안하면 그 액수는 결코 작지 않다고 생각했습니다.

　노원구청에서는 2011년부터 비가 오더라도 비닐로 된 우산 포장 비닐을 제공하지 않고 있습니다. 그 대신 현관에 그 이유를 알리는 표지판을 세워 사람들이 환경 문제를 생각하는 기회를 갖도록 했습니다.

　하지만 비 묻은 우산을 실내에 갖고 들어오면 빗물이 뚝뚝 떨어져 바닥이 지저분해집니다. 그래서 처음에는 자동빗물털이기계를 설치해볼까 했는데 아직 실용성이 그렇게 높지 않았습니다. 그래서 그냥 큰 양동이 같은 것을 놓고 털고 들어오게 끔 했습니다. 그래도 복도에 떨어진 빗물은 청소하시는 분들이 수고스럽지만 물걸레로 닦도록 했습니다.

　이렇게 하는 것은 좀 불편합니다. 하지만 저는 직원들에게 불편하게 살아보자고 했습니다. 그 불편함이 어느 순간이 되면 아무렇지도 않게 느껴지는 시점이 옵니다. 생활습관이 바뀌는 것이지요. 제 생각대로 지금은 구청에서 그것 때문에 불편한 사람은 없는 것 같습니다.

**나무젓가락 배달하지 않기**

　나무젓가락 사용하지 않기는 어느 언론에서 다른 지자체가 그런 운동을 벌이고 있다는 보도를 봤습니다. 저는 그것이 작은 일부터 시작한다는 취지에 딱 맞는 일이라고 보았습니다.

　말할 필요도 없이 나무젓가락은 나무로 만듭니다. 그리고 재활용이

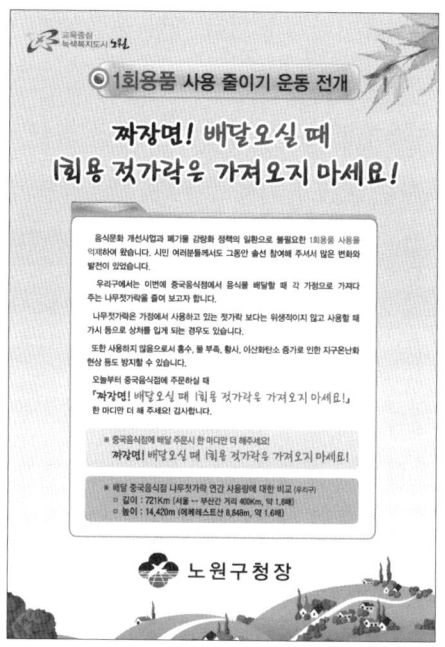

'짜장면! 배달 오실 때 1회용 젓가락 가져오지 마세요.' 이 포스터를 곳곳에 붙이고 나무젓가락 사용하지 않기 운동을 점차 확대해 나갔다.

되지 않는 1회용품입니다. 한 언론 보도에 따르면 2010년 한 해에만 아마존 밀림에서 축구장 3만 2천 개 넓이의 숲이 사라졌다고 합니다. 잘 알다시피 아마존 밀림은 지구 산소의 약 40%를 생산하는 '지구의 허파'입니다. 그 허파가 잘려 나가고 있는 것입니다. 아마존 밀림이 반드시 일회용 나무젓가락 때문에 사라지는 것은 아니지만 나무젓가락을 사용하지 않는 작은 실천을 통해 숲의 소중함을 다시 한 번 생각하는 기회를 갖게 된다면 좋은 일일 것입니다.

노원구의 현황을 살펴봤더니 일반 식당에서는 1회용품 사용 억제 노력의 일환으로 나무젓가락을 사용하지 않지만 배달 음식의 경우에는 여전히 사용되고 있습니다. 141개의 배달 음식점에서 연간 사용하는 나무젓가락 수는 약 515만 개에 이르렀습니다. 그 구입 비용은 업소당 약 70여만 원으로 총 1억 원을 넘었습니다.

실제로 가정에서는 배달 음식을 주문하더라도 배달된 나무젓가락을 거의 사용 안 합니다. 그냥 버리게 되니까 엄청난 낭비인 셈입니다.

중국음식점부터 시작해서 나무젓가락 배달 안 하기 운동을 벌이고 점차 확대해 나가기로 했습니다. 취지를 알리는 포스터를 곳곳에 붙이고, 가정에서는 배달 음식을 주문할 때 "사장님, 음식물 배달 오실 때 1회용 젓가락은 가져오지 마세요."라고 하고, 업소에서 주문을 받을 때는 "고객님, 음식물 배달 갈 때 1회용 젓가락은 필요하지 않으시죠?"라고 응대하는 운동을 벌여 나갔습니다.

처음에는 우리 직원들도 적극적이지 않았고, 음식점 측도 귀찮아했습니다. 하지만 지금은 워낙 구청이 녹색을 강조하고 교육도 많이 실시한 덕분에 점차 호응도가 많이 올라가고 있는 상태입니다.

**자전거도로의 딜레마**

제가 자전거도로 문제 때문에 하마터면 구청장직을 수행하지 못할 뻔했습니다. 전임 청장 시절에 노원구에 시범 자전거도로를 만든다면서 차도 폭을 1차선씩 줄이면서 자전거도로를 만들었습니다. 그러니까 교통체증이 발생했습니다. 시민들이 굉장히 불편해 한 것은 당연한 일입니다. 심지어 버젓이 인도에 자전거도로가 있는데도 그것은 그대로 두고 차도에 자전거도로를 또 만든 지역도 몇 군데 있었습니다. 저는 이것은 구가 전시용으로 자전거도로를 만든 것은 예산 낭비라고 지적했습니다. 그런데 그 사업의 주체가 구가 아니라 서울시였던 모양입니다. 제가 허위사실을 유포했다고 제소를 당했는데, 다행히 취지가 참작이 돼서 검찰로부터 불기소 처분을 받았습니다.

저는 늘 환경 문제를 고민해 온 정치인으로서 자전거도로를 확충하는 것에 대해 원칙적으로 동의하는 입장입니다. 하지만 자전거도로 때문에 시민생활이 오히려 불편해지거나 불필요한 곳에 자전거도로를 만드는 것은 안 된다고 봅니다. 그동안 오세훈 시장 재직 시절의 서울시 행정을 보면 자전거도로를 밀어붙이기 식으로 만들어 놓고는 전체적으로 자전거도로를 몇 킬로 만들었다고 홍보하는 경우가 많았습니다. 말하자면 시민을 위한 것이 아니라 통계를 위한 자전거도로였던 셈

지역의 교통 사정을 고려하지 않고 설치된 자전거도로를 없앤 이후의 시원한 동일로 모습. 왕복 1차선씩 늘어나 교통 흐름이 상당히 개선되었다.

이죠.

　구청장이 된 뒤 우리 구의 현황을 살펴보니 동부간선도로와 연결되는 동일로는 우리 구의 중심 도로입니다. 출퇴근 시간에 가장 붐비는 곳인데, 차도를 줄이고 자전거도로를 만든 겁니다. 저는 서울시에 격렬하게 항의했습니다. 결국 그곳 중 두 군데의 자전거도로를 지워 버렸습니다.

　자전거도로는 정작 시민들이 필요로 하는 곳에 만들어야 합니다. 그런데 자세히 살펴보면 동일로 이면도로에 이미 자전거 길이 있었습니다. 만든 지 20년 쯤 돼서 길이 파인 곳이 많아 자전거가 다니기에 불편하긴 합니다. 저는 그 길을 보수해서 다시 사용하도록 했습니다. 이미 있는 도로는 팽개쳐 두고 굳이 차도를 밀어내며 새 길을 만드는 것이야말로 전시행정의 표본입니다.

　사실 서울에서는 아직 자전거만으로 출퇴근하는 것은 어려운 실정입니다. 현재는 중랑천을 통해 한강 변으로 나가는 하이킹을 즐기는 사람들이 주로 이용하고 있습니다. 그리고 구 안에서는 대개 단거리 이동 수단으로 활용되고 있습니다. 직장인들의 경우 전철역까지 자전거를 타고 가서 전철로 바꿔 타고 시내까지 출퇴근을 하는 분들이 많습니다. 사정이 이렇기 때문에 자전거도로는 중랑천 변으로 연결해 주는 노선과 주요 역세권하고 연결해 주는 노선 위주로 재편했습니다.

　아무리 환경이 중요하다고 하더라도 주민들의 삶을 무시한 전시행정이어서는 안 된다는 것을 자전거도로 문제에서 다시금 느꼈습니다.

# 마른하늘에 날벼락
## —방사능 아스팔트

2011년 11월, 언론에 노원구의 아스팔트에서 고준위의 방사능이 검출됐다고 크게 보도가 됐습니다. 솔직히 처음에 저는 그렇게 심각하게 받아들이진 않았습니다. 그런데 막상 현장에 가서 보니 문제가 가볍지 않다는 것을 확인했습니다.

**멀쩡한 도로에 방사능이라니**

환경운동단체에서는 방사능 누출량이 거의 체르노빌 수준이니 당장 이 지역을 방사능 오염지역으로 선포하고 출입을 통제하라고 주장했습니다. 우리 구에서 직접 측정해 봤더니 과연 기준치를 상당히 넘는 지점이 많았습니다. 주민들은 방사능이 누출되는 것도 모른 채 11년을 그 길을 걸어 다녔으니 상당히 불안해했습니다. 그곳은 바로 인근 주민들이 주로 이용하는 통행로이고 인근엔 시장까지 있었습니다. 이 길을 폐쇄하면 주민들의 불편은 이만저만이 아닐 상황이었습니다.

그런데 국가기관인 원자력안전위원회에 문의했더니 조사 중이니 결과가 나올 때까지 기다리라고 했습니다. 구로서는 참 난처한 처지에 놓였습니다. 도로를 폐쇄할 수도, 그냥 방치할 수도 없는 상황이었던 것입니다.

저는 생각했습니다. 원자력안전위원회의 조사 결과가 어떻게 나오든 결국 정부는 이 아스팔트를 제거할 수밖에 없을 것이었습니다. 그런데도 정부는 정밀조사 결과가 나올 때까지 기다리라는 말만 되풀이했습니다. 결국 저는 제 권한으로 아스팔트를 걷어 내도록 지시했습니다.

2011년 11월 방사능 아스팔트 보도 이후 전문가와 환경운동단체들이 방사능 누출량을 측정하는 모습.

그리고 재포장을 시행했습니다.

이렇게 하니까 정부에서 꼭 그랬어야 하느냐, 무조건 걷어 내면 어떻게 하느냐고 질책했습니다. 그래서 저는 "그러면 어떤 방법이 있겠느냐. 결국은 걷어 내야 할 것 아니냐. 걷어 낸 아스팔트는 보존해 놓을 테니까 정밀조사 결과가 나오면 정부에서 검사 결과대로 처리하면 될 것 아니냐."라고 대답했습니다.

**원자력안전위원회는 뭐하는 곳인가**

그런데 예상 외로 문제가 커졌습니다. 걷어 낸 아스팔트를 보관해야

방사능 아스팔트를 걷어 내어 폐수영장에 포장 보관하자 인근 주민들이 구청 앞에서 즉각 옮기라고 시위를 하고 있다.

되는데 보관할 장소가 마땅치 않았습니다. 당시는 에코센터가 지어지기 전인데 그 인근에 폐수영장이 있었습니다. 그래서 그곳에 아스팔트를 갖다 놓고 포장을 덮어 보관했습니다.

그런데 일부 언론이 그것을 마치 보관이 허술한 것처럼 보도를 했습니다. 인근 주민들은 난리가 났습니다. 당장 그걸 다른 데로 치우라는 것이었습니다.

말하자면 방사능 물질의 처리 문제가 발생한 것이었습니다. 우리나라의 방사능 허용 기준치는 국제기준을 적용해서 상당히 엄격하게 규정되어 있습니다. 이번 아스팔트는 그 규정치를 약간 상회하고 있었습니다.

우리가 원자력안전위원회에 처리 문제를 문의했더니 공문이 왔는데 그 답변 내용이 모순 그 자체였습니다. "그냥 내버려 둬도 안전에 문제는 없다. 그런데 처리하려면 원자력안전법에 따라서 처리해야 된다."는 것이었습니다. 안전하니 처리를 우리 재량으로 하라고 하든지, 안전하지 않으니 법규에 따라 하라고 하든지 해야 할 것 아니겠습니까. 이도 저도 아닌 모호한 공문을 보내니 우리더러 어쩌라는 말인지 갑갑했습니다.

현재 우리나라에는 고준위 방사능 물질은 콘크리트로 밀폐하여 방사능 폐기장에 매립하도록 돼 있습니다. 하지만 중·저준위 방사능 물질은 어떻게 처리해야 할지 규정이 모호합니다. 일반 쓰레기 매립장에서는 저준위일지라도 방사능 물질은 일단 거부합니다. 따라서 사실상 처리할 곳이 없습니다. 자체로 처리한다고 해도 엄청난 비용이 소요됩니다.

**처리를 둘러싼 쟁점들**

결국 정부로부터 구청이 책임 있게 처리하라는 지침을 받고 구청 건물 부근의 공터에 가져다 쌓아 놨습니다. 이리로 옮기니까 그 당시 이 지역 한나라당 소속 홍정욱 의원이 와서 '왜 우리 동네에 가져왔느냐'며 데모를 했습니다. 저는 원자력안전위원회에 중앙정부가 책임져야 할 일을 왜 구에 전가하느냐며 따지고 이것을 처리해 줄 것을 요청했습니다. 원자력안전위원회에서는 방사능 물질이 도로에서 나왔으므로 도로법을 적용해서 모든 처리 비용을 구청에서 부담하라고 했습니다.

논점은 처리 비용의 문제로 비화됐습니다. 저는 구에서 도로 관리를 잘못해서 이번과 같은 사건이 발생했다면 구의 책임이지만, 원래부터

방사성 폐아스팔트 즉각 처리를 요구하며 지역 차원에서 원자력안전위원회로 항의 방문한 모습.

들어가서는 안 되는 물질이 들어간 것을 왜 구청이 책임지느냐고 항변했습니다.

이와 관련해서 자료를 조사해 봤더니 이와 비슷한 사건이 이미 포항과 울산에서 발생한 적이 있었습니다. 그때 원자력안전위원회가 '이건 당신에 도로에서 나왔으니까 당신네 돈으로 처리해라'고 했고 두 지역에서 문제가 된 도로 위에 새 아스팔트를 덮어씌우는 방식으로 해결했습니다. 당시엔 여론의 주목을 받지 않고 조용히 넘어갔던 것입니다. 그러니까 우리에게 그 당시와 같은 방식으로 처리했어야 하는데 괜히 걷어 내서 판을 키웠다는 말이었습니다.

저는 이 과정에서 원자력안전위원회가 누구를 위한 기관인가, 원자력으로부터 시민과 구민의 안전을 지키려고 하는 건지, 원자력 관련기관을 보호하기 위해 원자력이 불안함에도 불구하고 안전하다는 것을 홍보하자는 건지, 의구심이 들었습니다. 구청 입장에서는 당연히 구민이 불안하니까 구민들로부터 그것을 격리하는 것이 당연한데도 그 자체를 문제 있는 것처럼 모는 것은 부당한 일입니다.

이 사건 이후에 원자력안전위원회가 부랴부랴 매뉴얼을 만들었습니다. 이전까지는 아스팔트를 파낼 것인가 말 것인가 할 때 기준이 없었습니다. 그런데 이제부터는 이런 일이 생기면 원자력안전위원회 통제 없이 도로를 걷어 내지 못하도록 했습니다.

어쨌든 이 돌발사건은 제 임기 절반 중에 가장 큰 사건이었습니다. 앞으로 이런 생활 상의 방사능 문제는 어디에나 생길 수 있는 문제입니다. 유럽 국가들은 예방의 원칙이라는 것이 있어서 피해가 발생하면 그 피해를 발생시킨 자가 안전하다는 것을 증명해야 합니다. 그런데 우리는 피해자가 내가 이것 때문에 피폭을 당했다든지 사고가 났다는 것을 증명하기 전까지는 보상을 못 받는 체계입니다. 광우병하고 비슷한 문제입니다. 국민들에게 '당신 미국산 쇠고기 먹고 무슨 문제 생긴 거 있어?'라는 식이죠. 광우병으로부터 안전하다는 것을 제공자가 증명해야 하는 건데 그 책임을 오히려 국민들한테 떠넘기는 이런 체계로는 국민의 안전을 담보할 수 없습니다.

**재발 방지를 위하여**

결국 우리가 이겼습니다. 최근에 방사능 아스팔트 처리는 국가책임이라는 것을 법제처가 최종적으로 확인을 했습니다. 이제 최종 처리 단계만 남아 있습니다.

앞으로 갈수록 이런 문제가 늘어날 가능성이 많습니다. 특히 원전 부근에 살고 있는 주민들은 차제에 지방자치단체가 어떤 역할을 해야 되는가, 이런 것을 한번 되짚어 봐야 한다고 생각합니다. 특히 일본 같은 경우는 지금 주민들로부터 동의를 못 구하면 원전을 재가동 못한다고 합니다. 그런데 우리 원전 주변 주민들에게는 원전에 대한 아무런 권리가 없습니다. 처음에 유치할 때는 상당한 권리를 행사하지만 일단 가동을 하고 나서는 주민들에게 아무런 권리가 없는 것입니다. 이제라도 이런 문제에 관심을 갖고 대안을 만들어 나가야 한다고 생각합니다.

# 놀이터 모래를 빨래해 드립니다
―공원내 놀이터 모래 소독

노원구는 서울의 다른 구에 비해 공원도 많고 산림지역도 많은 편입니다. 인근의 도봉구나 강북구에도 공원이 많지만 거기는 국립공원이라 관리 주체가 국립공원관리공단입니다. 그래서 구청에서 관여할 수 있는 부분이 많지 않습니다. 하지만 노원구는 수락산 공원 등 시립공원이 많아 구청이 해야 할 일이 엄청나게 많습니다. 그래서 공원녹지과의 업무가 구청 전체 사업의 3분의 1 정도에 이릅니다. 노원구 안에 규모 있는 공원만 해도 한 80개 정도 됩니다. 예산도 엄청나서 매년 약 20억 원에서 100억 원 정도의 예산이 공원 관리에 투입되고 있습니다.

**어린이 놀이터의 화학 매트리스**

그 정도의 예산이 투입되는 일이라면 구청장이 직접 둘러보아야 한다고 생각해서 전반적으로 시찰을 했습니다. 그중에 약 2, 3년 된 공원을 둘러보는 중에 어린이 놀이터에 고무 재질의 매트리스를 깔아 놓은 것을 봤습니다. 요즘은 모래 대신 이런 고무 매트리스를 까는 경우가 많은 것 같습니다. 그런데 2, 3년 지났는데 벌써 낡아서 일부가 뜯겨진 상태로 방치되어 있었습니다.

저는 그 모습을 보고 어린이 놀이터에 화학제품을 사용하는 것이 올바른가 하는 생각을 했습니다. 공원을 이런 식으로 꾸미면 처음엔 깨끗

모래놀이터의 쓰레기나 유리 등을 제거하는 이물질 제거 작업을 거친 후 공원 모래를 위아래로 뒤집어 풍기성을 높이고 수분배출을 쉽게 한다.

높은 수압을 이용해 고농도 오존수를 살포함으로써 모래 속에 있는 일반 세균과 병원성 세균 등을 살균 소독한다. 그런 뒤에 무기항균제를 살포해 작업을 마무리한다.

해 보이고 제품에 탄력도 있고 해서 좋아 보일 겁니다. 아이들이 넘어져도 옷도 안 더러워지니 엄마들도 좋아하겠지요. 또 공원을 이렇게 뜯어고치기 시작하면 시공업자들도 좋아하겠지요.

하지만 연구 결과에 의하면 어린이들은 고무 매트리스보다 자연물인 모래를 가지고 놀 때 그 부드러운 질감을 통해 정서적, 정신적으로 안정감을 갖게 된다고 합니다. 더구나 고무 제품은 아토피 등의 질병을 유발하는 것으로도 알려져 있습니다. 그래서 저는 고무 매트리스를 까는 것이 자연친화적인 방향으로 가는 시대 추세와 맞는 것일까 하는 의문이 들었습니다. 이건 아니라고 생각했습니다.

그렇다면 대안은 모래를 사용하는 것인데, 문제는 모래에 주민들이 산책시키러 데리고 나온 개나 고양이의 똥이 섞일 수 있기 때문에 엄마들이 걱정이 많다는 것이었습니다. 그런 주민들의 걱정을 무시하고 모래 사용을 밀어붙일 수도 없는 일이었습니다.

그래서 생각해 낸 것이 모래를 사용하되, 모래를 정기적으로 빨래(소독)를 해 주면 어떨까 하는 겁니다. 담당부서에 연구를 해보라고 했더니 모래를 소독해 주는 업체가 있다는 것이었습니다. 최근에 생긴 신사업이라고 했습니다.

그래서 이 업체에게 시범으로 몇 곳의 모래를 소독하도록 시행해 본 뒤 주민들의 의견을 물었습니다. 요즘 매트리스를 까는 경우가 많은데 그것이 좋은지, 아니면 모래를 깔되 정기적으로 소독하는 것이 좋은지 말입니다. 그랬더니 많은 주민들이 모래를 선택했습니다. 역시 추세는 자연친화 쪽이었고, 문제점은 보완하면 되는 것이었습니다.

## 저비용 친환경 시스템

그런데 업체에게 시공 용역을 발주했더니 비용이 만만치 않았습니다. 그래서 구청이 직접 시행하는 방안을 검토했습니다.

그 결과 구청에 이미 있는 장비들을 활용하고 약간의 기기만 보충하면 충분히 구청에서 해낼 수 있다는 것을 알았습니다. 모래 소독이라는 것이 이렇습니다. 트랙터 같은 장비로 모래를 뒤집습니다. 그리고 체로 걸러서 동물의 분비물과 같은 오염 물질을 제거합니다. 그리고 오존으로 소독을 합니다. 이 과정에서 기생충이나 병균이 살균됩니다. 마지막으로 모래에 코팅을 해서 깨끗한 상태로 만드는 겁니다.

놀이터마다 1년에 두 번 소독을 하는 것으로 정했습니다. 놀이터에는 몇 월 며칠에 소독했다는 사실을 표지판에 붙여 놓아서 사용자가 모래의 소독 상태를 알 수 있게 하고 있습니다. 주민들의 반응은 아주 좋습니다.

    자본주의 시스템에서는 지속적으로 새로운 유행을 만들고 갈아엎으려는 욕망이 작동합니다. 놀이터 매트리스도 그런 사업적 관점에서 생긴 것이라고 봅니다. 그러나 그것은 환경의 지속 가능성이라는 관점에서 보면 옳은 방향이 아닙니다. 실제로 비용은 비용대로 들면서도 영구적이지도 않습니다. 자연친화적인 방향에서 새로운 시스템을 도입하는 것이 옳다고 믿습니다.

# 서울은 만원, 농촌으로 돌아가자
―귀농귀촌운동

　대개 지자체에서는 관내 인구가 늘어나는 것을 바랍니다. 세입이 늘어나고 중앙정부로부터의 지원도 늘어나기 때문입니다. 하지만 저는 이제는 도시는 더 이상 커져서는 안 된다고 생각합니다. 지금은 도시를 비워야 할 때입니다.

**이제는 도시를 비울 때**

　우리나라는 너무 과도하게 도시화되어 있습니다. 불과 40년 전에 인구의 90%가 농촌에 살고, 10%가 도시에 살았는데 지금은 역전이 되어 93%가 도시에 삽니다. 그러니 도시는 넘치고 농촌은 비어 있습니다.
　우리 미래에 가장 전망이 좋은 블루오션은 어느 분야일까요. 전문가들은 그린 이코노미 분야, 재생에너지 분야 그리고 농업 분야를 꼽습니다. 석유가 고갈되면 농업구조도 바뀔 수밖에 없습니다. 지금 미국의 농업회사 카길 같은 데를 보면, 엄청난 넓이의 농지에 비료와 농약을 비행기로 뿌려서 곡물을 대량생산합니다. 그것을 대형 선박에 실어 한국으로 가져와 팝니다. 그런데 석유가 고갈되면 비행기와 선박 운행비용이 높아질 것이고 곡물 가격도 그에 따라 가파르게 상승할 것입니다. 카길 방식의 대량생산 구조가 더 이상 버틸 수 없는 시대가 오고 있다는 말입니다.

다시 인구 얘기로 돌아와 보면, 도시 정치인의 관점에서도 도시 인구가 늘어나는 것이 좋습니다. 하지만 저는 국가적으로 보면 석유에 의존하는 문명이 쇠퇴기에 접어들면서 도시의 부가가치가 높은 시대도 이미 끝났다고 봅니다. 특히 서울이 그렇습니다. 서울을 비우고 농촌을

2012년 3월 9일 양평군 농업기술센터에서 양평군과 체험영농과 귀농·귀촌사업 추진을 위한 상호협력 양해각서를 체결했다.

다시 채워야 하는 시점입니다.

그래서 구 차원에서도 귀농귀촌운동을 본격적으로 시작해 보기로 했습니다. 그래서 양평군과 양해각서를 체결하고 귀농귀촌을 원하는 사람들에 대한 교육과 체험실습을 시행하기로 했습니다. 이를 위해서 양평군에 주택 다섯 채를 얻어서 실제로 일정 기간 거주하면서 귀농귀촌을 준비하도록 했습니다.

현재 이 사업은 귀농귀촌 교육과 귀농귀촌 체험의 두 갈래로 진행되고 있습니다. 교육 프로그램은 42명 정원으로 매주 금요일 오후에 실시하고 있습니다. 교육과정은 토양학, 미생물학, 작물재배기술 등으로 이루어져 있습니다. 이론과 실습을 병행하고 때로는 현장 견학도 실시하고 있습니다.

양평군 농업기술센터의 안내로 귀농교육 참가자들이 선인장연구소를 견학하는 모습.

체험 프로그램은 양평에 있는 주택 5채에 한 채당 4가구씩 총 20가구를 배정하여 주말농장 방식으로 운영하고 있습니다. 이를테면 배추나 고추를 재배한다든지 하는 직접 농사 체험을 하는 것입니다. 그 과정에서 양평 농업기술센터에서 와서 교육도 해 주고, 현지 실습도 합니다.

양평군에 우리 구민들이 살 집을 미리 직접 가서 살펴보았습니다. 귀농 훈련을 하기 위해 만든 집은 작지만 알차 보였습니다. 그리고 돌아오는 길에 딸기 농장을 둘러볼 기회가 있었습니다. 천 평쯤 되는 비닐하우스에 원래 국화를 키웠던 곳인데 지금은 딸기 체험 하우스로 바꿨다고 합니다. 수입을 물어보니 연간 1억 원이 조금 넘는다고 답했습니다. '농업은 미래다'라고 써 있던 양평 농업기술센터 건물에 붙어 있는

귀농교육 참가자들이 텃밭 채소 종자 파종 실습을 하고 있다.

표어가 실감이 나는 대목이었습니다.

## 귀농귀촌 준비를 구청에서

대개 무작정 귀농귀촌을 했다가 현지에 적응하지 못하고 도시로 되돌아오는 경우를 많이 봅니다. 그래서 저희는 철저한 준비를 통해 실패하지 않고 농촌에 정착할 수 있도록 최대한 배려를 하는 것입니다.

사실 처음에 이 사업을 시작하면서 잘될지 자신감은 없었습니다. 그런 까닭인지 담당 일자리경제과에서 처음 보고한 기획안에는 사업비 전액을 구에서 지원하는 것으로 올라왔습니다. 저는 오히려 구에서 전액을 지원하면 자생력이 떨어져서 안 된다고 보았습니다. 그래서 신청자가 받는 교육의 수강료는 받는 것으로 했습니다. 그런데 공모가 나가자 단 하루 만에 마감이 됐습니다. 그만큼 도시인들도 귀농귀촌에 대한 잠재적 욕구를 갖고 있다는 증거였습니다.

구청에서 실시한 교육프로그램을 이수하고 귀농귀촌에 성공적으로 안착한 가구가 탄생하기를 기대해 봅니다.

# 처치 곤란한 나뭇가지가 자원으로
―도심형 바이오매스

　　　　겨울철 어느 날, 아파트 단지를 방문했을 때의 일입니다. 단지 한쪽에 많은 나무가 쌓여 있었습니다. 보기에도 좋지 않고, 생활에도 불편을 줄 것 같았습니다. 그래서 관리실에 왜 나무를 쌓아 놓았냐고 물었더니 가을이 지나고 전지를 한 다음에 처치가 곤란해서 쌓아 두었다고 말했습니다. 이것을 치우는 데 200만 원이라는 거액의 비용이 들어서 폐기할 엄두를 못 내고 있다는 것이었습니다.

　　다른 단지의 경우는 어떤지 알아봤습니다. 조경을 포함해서 나뭇가지 폐기까지 용역을 주려면 1천만 원이 넘게 든다고 했습니다. 나무도 에너지원인데 그것을 돈을 들여서 폐기한다는 것이 사리에 맞는가 하는 생각이 들었습니다.

**폐나뭇가지를 연료로**

일단 저는 구청에 있는 나무 분쇄기로 나무를 잘게 부숴서 아파트 단지의 화단에 깔아 주는 방식으로 처리하도록 조치했습니다. 주민들은 처리 비용이 절감되니까 좋아했습니다.

그러던 중 한 언론에 농촌 지역에 나무보일러가 주목 받고 있다는 기사가 보도되었습니다. 석유 가격이 계속 상승하고 있는 반면에 산림녹화 후 일정한 기간마다 간벌한 나무를 연료로 가공하여 보일러에 사용한다는 것이었습니다.

저는 이 목재펠릿 보일러가 농촌뿐만 아니라 도시에서도 활용할 수 있겠다는 생각이 들었습니다. 왜냐하면 노원구도 매년 가로수 전지작

해마다 전지한 나뭇가지 처리가 문제가 되니, 이를 해결할 방안을 찾다가 목재펠릿 보일러 소식을 접하고 포천에 있는 목재펠릿 제조 공장을 직접 방문했다.

업을 합니다. 포플러 나무는 성장 속도가 빨라서 전지하면 엄청난 양의 폐나뭇가지가 발생합니다. 아파트에서도 매년 전지작업을 합니다. 특히 지난 2011년에 태풍 콤파스가 서울 한복판을 뚫고 지나갔을 때 노원구에서도 엄청난 나무가 쓰러졌습니다. 도저히 다 치울 수가 없어서 대충 절단해 주요 등산로 부근에 쌓아 두었습니다. 산에는 그냥 방치돼 있는 쓰러진 나무가 아직도 많습니다. 이것은 산불이 났을 때 아주 위험합니다. 바싹 말라서 일단 불이 옮겨 붙으면 불쏘시개 역할을 합니다.

이런 여러 가지 사정을 생각할 때 이런 폐목재를 어떻게 재활용할까 고민하던 중에 펠릿보일러 보도를 접한 것입니다. 그래서 제가 포천에 위치한 목재펠릿 공장에 견학을 가 봤습니다. 목재를 건조하고 분쇄한 뒤 압착, 성형을 하는데 그 기계가 엄청나게 컸습니다. 목재 원료는 인도네시아에서 수입한다고 했습니다. 인도네시아에서 난 나무를 배에 실어서 수입하고 또 포천 골짜기까지 싣고 와서 엄청난 기계를 돌려서 가공을 하면 그것이 과연 친환경일까 하는 의문이 들었습니다. 그 과정 자체에서 엄청난 이산화탄소를 발생시킬 것이었으니까요. 저는 그런 식으로 하는 것은 배보다 배꼽이 커지는 일이라고 생각했습니다.

**일석삼조의 효과**

저는 이 사업은 대규모로 펼치기보다는 시스템을 소형화해서 한 지역 안에서 순환 사이클이 돌아갈 수 있도록 하는 방법을 찾았습니다. 때마침 국립산림과학원에서 이동식 목재펠릿 제조 플랜트를 개발했다는 소식을 들었습니다. 기존의 시설은 설치하는 데 35억 원이 들지만 이 기계는 2억 원으로 가능하다고 했습니다. 우리 노원구가 이 사업을 한번 해볼 테니 설치를 해 달라고 요청했습니다.

  이것이 완공되면 노원구에서 매년 처치 곤란해서 돈 주고 버리는 목재를 자원화 할 수 있습니다. 또 아파트가 아닌 일반주택에는 기름보일러를 사용하는 가구가 많습니다. 옛날에 연탄보일러 사용하다가 기름보일러나 가스보일러로 바꿨는데, 겨울철에 기름보일러 때려면 한 달에 석유 두 드럼 가까이 든다고 합니다. 그러면 연료비만 70~80만 원 드는 겁니다. 서민 가정에서 감당하기엔 벅찬 액수입니다. 그래서 아주 추운 날만 잠깐 때고, 그 외에는 전기장판 하나로 때우는 집이 많습니다.

2012년 3월 가로수에서 전지한 나뭇가지들을 파쇄하고 있다. 현재는 비료 등으로 쓰이고 있지만 국립산림과학원이 개발한 이동식 목재펠릿 플랜트가 완공되면 지역 내의 펠릿보일러의 연료로서 공급될 것이다.

그런 가정에 목재펠릿 보일러로 바꿔 주면 적은 비용으로 겨울철에 훨씬 따뜻하게 지낼 수 있습니다. 그리고 나무가 자라면서 탄소를 먹고, 그리고 자기 먹은 만큼 내뱉는 거니까 이것이야말로 지속가능한 탄소 순환 시스템이라고 할 수 있습니다.

다만 보일러를 교체하는 데 비용이 듭니다. 보일러 가격이 450만 원 정도인데 산림청에서 이 사업이 채택이 되면 70%를 보조해 줍니다. 산림청에서는 그동안 도시에서는 한 군데도 신청한 적이 없고 따라서 지원해 준 사례도 없다고 합니다. 아마도 노원구가 최초가 되지 않을까 싶습니다. 그러면 30%만 자기 부담인데, 구에서 지원할 수 있는 부분이 있으니까 실제로 서민 가구는 큰 부담이 없습니다. 우선 구립 노인정과 같은 시설, 경제적으로 어려운 가난한 가정들을 시작으로 해서 조금씩 확대를 해보려고 합니다.

일단 보일러를 교체하면 연료비는 석유에 비해 절반 이하로 줄어들 전망입니다. 현재 20kg짜리 펠릿 한 부대에 6천 원 정도 합니다. 구에서 직접 생산하면 가격을 더 낮출 수도 있을 겁니다.

원료인 목재를 산에서 운반해 오는 것은 청소년 자원봉사를 활용하면 어떨까 합니다. 요즘은 대학입시에도 봉사 점수가 필요해서인지 봉사를 하려는 청소년들은 많은데 실제로 의미 있는 봉사는 별로 없는 것이 현실입니다. 겨울에 연탄 봉사를 많이 하는데, 보통 연탄 3장씩 등짐 지고 배달하는 것을 보았습니다. 그러면 이제 학생들을 데리고 산에 올라가면서는 숲 해설을 하고 내려올 때는 본인들이 지고 내려올 수 있는 정도씩 나무를 지고 내려오는 봉사를 해서 목재펠릿의 원료로 쓰는 것이죠. 이것이야말로 일석삼조가 아닐까 합니다.

제3부

# 교육과 도시,
# 그 새로운 시도

# 마을이 학교다
―교육영향평가제 도입




도심에 백화점이나 대형건물이 들어서면 환경영향평가와 교통영향평가를 받도록 법규에 규정돼 있습니다. 그런 것처럼 저는 일정한 시설에 대해서는 교육영향평가제도를 도입해서 그 시설이 교육에 악영향을 끼치지는 않는가, 좋은 영향을 미치도록 할 방법은 없는가를 평가하는 것은 어떨까 하는 생각을 했습니다.

**마을이 곧 학교다**

때마침 구에서 주차장을 짓는 사업이 진행되고 있었습니다. 그런데 주차장 바닥을 아무 생각 없이 콘크리트 포장을 하려고 했습니다. 저는 주차장 용도라면 바닥을 반드시 콘크리트로 할 필요가 있겠는가, 투수포장이나 잔디블록 포장과 같이 친환경 포장을 해도 사용에 아무 문제

'학생과 학부모가 행복한 교육도시'를 내걸고 실시한 놀토 프로그램에 참여한 학생들이 다양한 창의·인성 체험 활동을 하고 있다.

가 없지 않은가 하고 문제를 제기했습니다.

결국 투수블록 포장을 해서 빗물도 배수가 되고 땅도 숨 쉴 수 있도록 시공했습니다. 그리고 주차장 한쪽에 안내 표지를 세워서 친환경을 고려해서 시공했다는 것을 알려 주도록 했습니다. 그냥 콘크리트로 시공했을 때보다 교육적 효과가 추가로 발생한 것입니다.

이 문제는 조금 더 본질적으로 들어가면 우리나라 지방자치제도의 허점과 연결돼 있습니다. 이웃 일본이나 유럽은 지방자치단체장이 교육감을 임명하거나, 러닝메이트로 출마하여 선출되는 데 비해 우리는 행정자치와 교육자치가 기초자치단체 차원에서는 완전히 분리되어 있습니다. 그래서 현재 지자체는 교육 분야에 대해서는 학교에 예산을 지원해 주는 수준에 그치고 있습니다.

그런데 요즘은 '마을이 곧 학교다'라는 개념이 대세입니다. 교육을 학교 울타리 안에만 묶어 두어서는 교육의 목표를 거둘 수 없고, 지역 공동체에서 총체적으로 이루어져야 한다는 말입니다. 앞으로 정치권에서 이런 문제를 심도 있게 논의해야 한다고 생각합니다.

지방자치와 교육자치가 하나로 합쳐지면 사업을 시행할 때 교육적 측면을 도외시하고 마구 진행하는 것을 막고 가능하면 사업이 우리 아이들 교육에 어떤 영향을 줄 것인지를 평가해서 교육적으로 도움이 될 수 있도록 시행할 수 있을 것입니다. 아직 그런 체제가 되어 있지 않아

당현천 정비 공사를 하면서 교육영향평가를 적용하여 초등학교 교과서에 나와 있는 각종 식물들을 위주로 자연학습장을 조성했다. 생활환경 속에서 자연스럽게 학습활동과 연계하도록 배려한 좋은 사례이다.

서 저는 북부교육지원청과 양해각서를 체결하여 두 기관이 협력하여 이 제도를 시행하기로 했습니다.

제도가 시행되는 과정은 이렇습니다. 사업부서에서 조례에서 정한 일정한 조건에 해당하는 사업을 시행할 때는 구청 교육지원과에 교육영향평가를 의뢰합니다. 그러면 교육지원과는 교육영향평가위원회에 안건을 상정합니다. 위원회는 현재 각계 인사 37명을 위촉한 상태입니다. 이 위원회에서 안건을 심의하여 그 결과를 교육지원과에 통보하면 사업 시행에 반영하게 돼 있습니다.

**산책로 하나도 교육을 생각하며 만들자**

지금까지 한 사업 중에 대표적인 것이 당현천 정비 공사였습니다. 당현천 주변에 산책길과 체육시설을 만드는 사업인데, 거기에는 조경도 포함돼 있었습니다. 그동안 단순하게 조경업체에 조경을 맡기던 것을 바꾸어서 초등학교 교과서에 나와 있는 각종 식물들을 위주로 조경을 하도록 했습니다. 도시의 어린이들은 교과서에 나오는 식물들을 직접 볼 기회가 적습니다. 그래서 산책하는 공간이 동시에 교육적 효과가 있는 공간도 되도록 한 것입니다.

이 제도를 시행한 뒤 2012년 상반기까지 총 4회의 교육영향평가가 실시되었습니다. 그 결과 학생들을 위한 27개소의 창의·인성 체험장과 15개의 체험 프로그램이 새로 생겼습니다. 이용자 수는 1만 3천 명에 이르렀습니다. 학부모들과 학생들의 호응이 좋기 때문에 노원구의 대표적인 정책으로 안착될 것으로 보고 있습니다. 마을이 학교입니다.

# 학업 중단 학생이 매년 1천 명?
―청소년 대책

자살예방사업이 일정한 궤도에 오를 무렵에 그다음으로 펼칠 사업으로 생각한 것이 청소년 대책이었습니다. 당시 어떤 언론에 보도된 통계에 노원구에서 매년 학업을 중단하는 학생이 1천 명에 이른다고 나왔습니다. 저는 대학도 아니고 중등교육과정에서 그렇게 많은 학생이 학업을 중단한다는 것이 믿기지 않았습니다. 그래서 곧바로 문제점 파악에 들어갔습니다.

**통계의 오류를 바로잡다**

관련 부서와 대책회의를 열었는데, 언론에 보도된 통계에 대해 자세히 알고 있는 사람이 없었습니다. 그래서 전문기관에 실태조사 용역을 발주했습니다. 발주 당시에 그 기관의 전문가에게도 물어보았지만 그분 역시 문제의 통계에 대해 잘 알지 못했습니다.

교육청에서 발표한 그 통계의 세부를 보면 1천 명 가운데 초등학생이 약 350명, 중학생이 약 300명, 고등학생이 약 350명 정도였습니다. 더 이상했습니다. 초등학생이 고등학생과 마찬가지로 한 해 350명이나 학업을 중단한다는 것이 정말일까 싶었습니다. 나중에 실태조사 결과 사실이 밝혀졌습니다. 거기에는 정부에서 학력 이수로 인정하지 않는 유학과 어학연수를 위해 학교를 떠난 학생들이 포함돼 있었던 것입니다. 그런 학생들의 경우는 외형상 학업 중단이지만 일반적 사회문제로서의 학업 중단과는 성격이 다르다고 할 수 있습니다.

애초에 학업 중단 학생 통계를 작성한 이유는 그 원인이 어디에 있으며, 추이는 어떤지, 대책은 무엇인지 등을 파악하기 위해서였을 것입니다. 통계를 위한 통계는 가치가 없는 것이죠. 그런데 그 통계에 오류가 들어 있다면 제대로 된 대책이 나올 수 없는 것입니다.

실태조사에서 가정 사정 등의 불우한 형편 때문에 학업을 중단한 학생만 추렸더니 약 500명 정도 되었습니다. 구체적으로는 초등학생 약 10명, 중학생 약 150명, 고등학생 약 350명이었습니다. 이 통계를 놓고 학생들이 왜 학업을 중단하는지, 이 아이들을 어떻게 할 것인지 원점에서 다시 검토를 하기 시작했습니다.

### 중학생에 집중하자

그동안 우리나라의 청소년 대책은 대개 학교를 그만두는 단계에서부터 접근을 해왔습니다. 학교를 이미 그만두었거나 막 그만두려고 하

**학업중단 예방을 위한 각 기관별 지원 시스템**

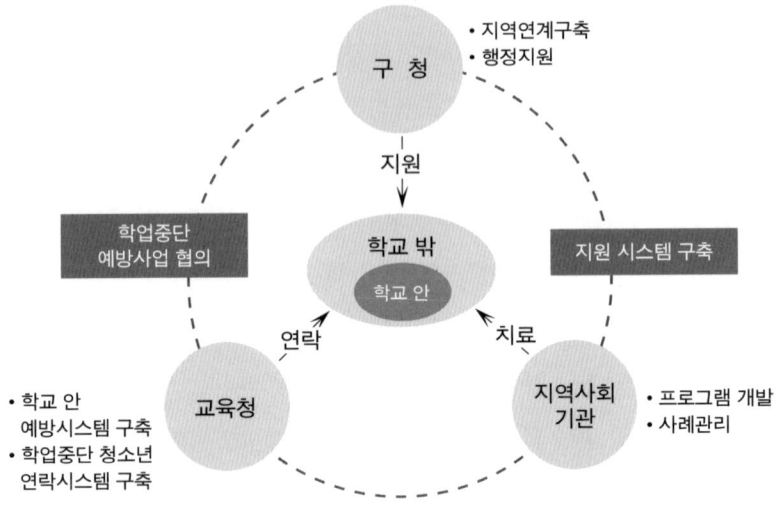

고 있는 고등학생이 주된 관심대상이었습니다.

저는 그것은 이미 때가 늦은 것이라고 보았습니다. 이미 그 단계까지 이른 학생에게는 기관에서 도움을 주려고 노력해도 당사자에게는 큰 도움이 안 될 것입니다. 이 문제를 두고 청소년운동에 몸담고 있는 NGO 활동가들과 여러 차례 토론도 하고 입씨름도 했습니다.

결국 토론 끝에 예방적 청소년 대책으로 가는 것으로 방향을 바꾸었습니다. 고등학교 때 학업을 중단하는 학생들은 이미 초등학교 고학년이 되면 조짐을 드러냅니다. 요즘 학교폭력 때문에 회자되고 있는 이른바 일진이 되거나, 집안 형편이든 학업 부적응이든 뭔가 문제가 생겨서 학교에서 돌출행동을 하고 가끔 무단으로 결석하기도 합니다. 이것이 첫 번째 단계입니다.

저는 첫 단계에서부터 학교 안과 학교 밖이 공동으로 대응해야 한다고 보았습니다. 학교 안에서는 선생님이 그 아이를 책임지고 계십니다. 선생님이 그 아이를 우리 구청에 연결해 주면 그 아이가 속해 있는 집, 가정환경, 친구관계 이런 것은 지역사회가 돌보겠다는 것입니다. 이것이 바로 제가 말하는 예방적 청소년 대책으로 지자체 차원에서는 노원구가 새롭게 시도하는 방법이었습니다.

**청소년 교육, 지역사회가 책임진다**

이제까지는 대개 고등학교 단계에서 책임을 맡아 왔습니다. 학교 안에는 위센터(Wee Center)라는 기구가 있습니다. Wee는 영어로 We(우리), education(교육), emotion(감성)의 약자로 위기에 처한 학생의 진단, 상담, 치료 프로그램을 운영하고 있습니다. 일종의 위기관리 기구인데 실제로는 상담하는 것 이상의 역할은 못하는 것으로 알고 있습니다.

그런데 학교 안에서 위기에 처한 아이를 지역사회에서는 알 수 없는 것이 현실입니다. 특히 저는 한국 사회에서 교육의 모순이 가장 집중적으로 누적되어 있는 데가 중학교라고 봅니다. 중학교에 진학하면 공부도 갑자기 어려워지고, 또 학교에서는 학년별 석차를 매기기 시작합니다. 그리고 신체는 성장해서 사춘기가 오고, 부모로부터 독립하려는 욕구가 일어납니다. 그래서 부모보다 친구가 더 좋아지는 때입니다.

요즘은 고등학생만 되어도 이제 인생의 목표가 어느 정도 정해져서 오히려 중학교 때보다 정서가 안정이 됩니다. 그리고 국가적 관심사인

대학입시 때문에 온 사회의 관심이 쏠려 있습니다. 초등학생의 경우는 아직 어리기 때문에 부모들의 관심이 큽니다.

따라서 중학교 때가 사회적 관심이 가장 적으면서도 아이들한테 가장 힘든 시기입니다. 그래서 이 중학교 단계에서 학교 안팎의 지원이 아주 중요하다고 봅니다.

그런데 노원구에는 그동안 이런 중학생 아이들을 맡을 위탁형 대안학교가 하나도 없었습니다. 그래서 위탁형 대안학교도 만들고, 청소년 대책을 종합적으로 시행할 수 있는 청소년종합지원센터도 만들고, 그렇게 사업을 펼치기로 했습니다.

위탁형 대안학교라는 것은 예를 들면 고등학교를 다니는 한 학생이 도저히 이 학교를 못 다니겠다는 생각이 들면 그 학생을 위탁형 대안학교에서 받아 가르치고, 이 학교에서 수업을 이수하면 졸업장은 원래 다니던 고등학교의 졸업장을 받는 방식입니다. 이런 위탁형 대안학교를 교육청으로부터 인가를 받아서 2012년 2학기부터 개학할 예정입니다.

청소년종합지원센터는 '위기청소년 학업중단 대책을 위한 종합계획'을 세워 지역사회에서 사업을 진행할 예정입니다. 이 센터는 1차 당사자인 학생·교사·학부모를 지역사회기관 및 이미 지역에서 복지를 담당하고 있는 동 주민복지협의회와 유기적으로 연결시켜서 당사자에게 가장 필요한 지원을 신속하게 제공할 것입니다.

# 문화, 볼거리인가 참여인가
#### —주민참여형 문화

제 전임 구청장이 문화에 대한 관심이 아주 많은 분이었습니다. 그래서 그분 재임 시절에 노원역 뒤편에 문화의 거리라는 데를 만들었습니다. 지상에 있던 전봇대를 지하로 넣고, 보도에 대리석도 깔고, 거리 중간에 조각상도 세웠습니다. 그리고 무대공연을 할 수 있는 곳을 하나 만들고 거기에서 매주 토요일마다 공연을 했습니다.

### 연예인 공연에 예산이 4억 7천만 원

그런데 제가 취임하고 나서 그와 관련된 예산을 살펴보니 1년에 41회 공연을 하는데 4억 7,000만 원이 책정돼 있었습니다. 그러니까 1회당 1천만 원이 넘게 예산이 잡혀 있는 것이었죠. 그 대부분이 기획사를 통해서 아주 비싼 연예인은 아니지만 어느 정도 지명도가 있는 가수나

연예인, 말하자면 한 사람당 3백만 원에서 5백만 원 정도 지불하면 오는 분 두세 명을 섭외하여 만드는 프로그램이었습니다. 매주 1천만 원짜리 공연을 하는 것이었죠.

그런데 그 공연 장소가 수천 명씩 관람하는 넓은 규모는 아니고 대략 2~3백 명, 거리를 지나가는 사람까지 포함해서 많으면 한 연인원 5백 명에서 1천 명 되는 정도입니다. 노원구 인구가 61만 명이므로 공연을 관람하러 오는 사람이 많을 수는 없는 조건입니다.

따라서 저는 그런 식의 공연은 예산 낭비라고 생각했습니다. 그렇지 않아도 구 예산이 빠듯해서 그런 행사에 수억 원씩 지출할 여력은 없었습니다. 하지만 이미 진행되어 온 문화행사를 무조건 폐지하는 것도 그 행사를 즐기는 주민을 무시하는 것이죠. 그래서 주 1회 하던 기획공연을 월 1회로 조정했습니다.

그 대신 나머지 3주 동안은 다른 방식의 행사를 기획하도록 했습니다. 노원구에는 많은 음악학원이 있고, 유명하지는 않더라도 꽤 수준이 높은 아마추어 음악인들이 있습니다. 또 구민회관을 비롯해 각 동사무소에 기타 클럽, 노래 클럽 등 문화와 관련된 클럽들이 활동하고 있습니다. 그런 사람들에게 스스로 무대를 만들게 하고 주민들이 참여하는 공연을 기획하도록 요청했습니다. 비용은 최소한도의 실비를 보상하는 정도로 했습니다.

그 사람들에게 맡겼더니 예행연습도 열심히 하고 공연도 열성적으로 합니다. 또 자신이 출연할 때는 자기 가족들과 친구들, 클럽에서 같이 배웠던 사람들을 다 부를 것 아니겠어요. 자연스럽게 마을 잔치가 되는 겁니다. 그렇게 공연을 해봤더니 관람객 수가 유명 가수가 하던 때와 별 차이가 없었습니다. 더 적은 비용으로 주민들에겐 더 뜻 깊은 공연을 선물하는 셈이 되었습니다.

**주민자치에 걸맞은 자발적 공연**

이 일이 성공적으로 진행되는 것을 확인한 뒤 주민들이 더 가까이에서 문화행사를 즐길 수 있도록 다른 장소에서도 같은 방식으로 공연을 하도록 해서 현재 8곳에서 매주 혹은 격주 단위로 주민자치 방식의 문화행사가 열리고 있습니다.

사실 그동안 텅 빈 채로 놀리고 있는 공연장들이 많았습니다. 공원을 조성할 때 대부분 야외무대를 만들지만, 그것을 만든 후에 공연장으로

주민들이 마련한 '당고개 아름다운 음악회' 광경.

활용하는 것을 별로 보지 못했습니다. 노원구에도 그런 곳들이 꽤 있었습니다. 그런 곳에서 이를테면 지역 주민 스스로 조직한 작은 밴드, 색소폰 동아리 등이 공연을 합니다. 또 동네 음악학원, 미술학원, 태권도 학원의 회원 아이들이 공연장에 나와서 공연을 하고 가족들이 구경 나와서 즐깁니다. 저는 연예인 공연보다 이런 문화가 더 바람직하다고 생각합니다.

  결과적으로 예산 총액은 늘리지 않았지만 공연만 보면 노원구가 굉장히 부자가 된 것 같다는 소리를 듣습니다.

## 멀쩡한 도로를 왜 파헤쳤대요?
─수락산 디자인거리

　　노원구 상계동 수락산 자락에는 '수락산 디자인거리'라는 곳이 있습니다. 오세훈 시장 재직 중 '디자인 서울거리' 사업을 시행하면서 각 구마다 디자인거리를 조성하는 공모가 있었습니다. 거기에 선정이 돼서 50억 원의 사업비를 받아 조성된 거리입니다.

**멀쩡한 거리를 파헤친 디자인 사업**

　　사실 이 디자인거리는 이전부터 풍치가 좋기로 이름난 곳이었습니다. 원래는 이곳에 수락산 계곡물이 흐르는 개천이 있었습니다. 제가 시의원으로 재직할 때 복개 공사를 시행했습니다. 당시에 복개에 대해 찬반양론으로 갈라져 뜨겁게 논쟁이 오갔습니다. 당시는 유행처럼 개천은 무조건 덮고 도로나 주차장으로 활용하던 시절이었습니다.

결국 복개로 결정이 되었지만 반대하는 사람들의 주장을 일부 받아들여 실개천을 조성하고, 쉼터도 만들고, 나무를 심어 조경도 했습니다. 그렇게 한 뒤 10년 정도 흘렀습니다. 이제 와서 보니 그런대로 상당히 운치 있는 거리가 되었습니다.

　바로 그 순간에 이 거리가 새 '디자인거리' 공모에 선정이 돼서 사업비 50억 원을 받게 된 것이었죠. 10년 동안 운치 있게 가꾼 거리를 새로 디자인거리를 만든다며 온 거리를 다 파헤쳤습니다. 이것은 노원구만의 문제가 아니었습니다. 서울의 전 구에 1개 거리씩 조성했으니까 25

수락산 디자인 거리 전경.

개 구마다 50억 원씩 어림잡아도 1,250억 원이 이렇게 말도 안 되는 사업에 낭비되었던 것입니다.

제가 구청장 후보 시절에 현장에 가 보았더니 주민들의 반응이 아주 냉랭했습니다. 동네 주민들 다수가 '뭐하러 이 난리를 피우냐'는 것이었습니다. 도로도 멀쩡하고, 나무들도 상당히 우거져 있었는데 왜 50억 원이나 들여 도로를 파헤치고 있던 나무를 뽑아내고 다른 나무로 바꾸냐는 것이었습니다. 상인들은 상인들대로 공사하니까 장사에 방해된다며 불편해했습니다.

저는 이것이야말로 대표적인 전시행정이라고 생각했습니다. 주민의 처지에서 바라보지 않고, 시장의 정책을 치장하기 위한 사업을 하다 보니 이런 황당한 사단이 벌어졌던 것입니다.

**하이힐 때문에 물에 잠긴 도로**

제가 구청장에 당선되고 다시 현장에 가서 보니 공사가 이미 80% 정도 진행이 된 뒤였습니다. 원래 상태로 복구시키기에는 이미 늦었습니다. 하지만 공사 마무리는 제 책임 아래 진행해야 하겠는데 거리 입구에 수락문이라는 간판 하나 달고 끝냈습니다. 그럼에도 주민들의 불만이 엄청나게 쌓여 있었습니다.

저는 다시는 이런 데 예산을 쓰지 않겠다고 굳게 다짐했습니다. 그래서 그다음 해에는 서울시에 노원구에서는 디자인거리 사업 시행 안 한다고 통보했습니다. 당시 오세훈 시장도 그런 불만이 있었던 것을 알았는지, 아니면 시의회가 민주당이 다수가 되어서인지 아예 그 '디자인 서울거리' 사업 자체가 폐기됐습니다.

당시 노원구가 서울시의 지시에 따라 한 사업 중 하나가 보도블록을 교체하는 것이었습니다. 당시 오세훈 시장이 한 사업 중에 '고도 르네상스' '여행 프로젝트' 같은 것들이 있었습니다. '고도 르네상스'는 서울이 6백년 역사를 가진 도시답게 옛 모습을 되살리겠다는 것이었고, '여행 프로젝트'는 '여성이 행복한 도시'를 만들겠다는 것이었습니다. 그 '여행 프로젝트'의 일환으로 추진된 것이 보도블록 교체였습니다. 기존의 보도블록은 블록과 블록 사이 틈이 깊어 여성의 하이힐이 거기에 끼기 쉬우므로 한 장의 크기가 큰 대리석 또는 화강암 판석을 깔고 틈새가 없도록 마무리해서 하이힐을 신은 여성이 걱정 없이 거리를 활보할 수 있게 하겠다는 것이었죠.

그런데 대리석이나 화강암 판석의 크기가 넓다 보니까 바닥을 완전히 편평하게 고르지 않고 시공하면 균형이 안 맞아 판석이 깨지는 약점이 있었습니다. 그래서 시공업체에서 바닥을 콘크리트를 바른 뒤 그 위에 판석을 시공했습니다. 거기에 틈새마저 메워 버리니까 어떻게 되겠습니까. 자연 배수가 전혀 안 되는 상황이 발생한 것입니다. 기존의 보도블록은 바닥에 모래를 깔았고, 블록 사이에 틈새가 충분하기 때문에 어느 정도의 빗물은 땅으로 흡수됩니다. 몇 년 전 갑자기 내린 폭우에 광화문 광장이 침수된 적이 있는데 많은 전문가들이 바로 이 화강암 판석 때문이라고 지적하고 있습니다.

노원구에서도 중심 대로인 노원역 앞에서 백병원까지 이와 같은 보도블록 교체를 시공했습니다. 제가 취임한 뒤에는 더 이상의 시공은 중단시켰습니다.

오세훈 시장이 학교 무상급식 문제로 스스로 주민투표를 자청하여 시민들로부터 물러나라는 평가를 받았습니다. 저는 시민들의 여론이 단지 무상급식만의 문제로 오세훈 시장에게 등을 돌렸다고 생각하지 않습니다. 시민들의 여론에 귀를 닫은 채 시행한 많은 사업들로 인해 이미 시민들로부터 퇴짜를 받았다고 생각합니다. 그런 점에서 오세훈 전 시장의 디자인거리 조성사업은 단체장들이 꼭 돌아보아야 할 반면교사입니다.

# 다 좋은데 일자리가 없다
―도시계획과 일자리 창출

지자체 단위에서 도시계획을 짠다고 할 때 간과하는 일이 있습니다. 일자리를 염두에 두고 도시계획을 입안하지 않는다는 것입니다. '상업지역을 만든다', '일반주거지역을 만든다' 그런 개념은 있지만 도시를 어떻게 하면 일자리가 있는 자족도시로 할 것인가 하는 계획은 잘 짜지 않습니다. 서울 동북 지역이 그 대표적인 예입니다.

**노원구는 베드타운**

서울시 일자리 지도를 보면 시내 중심가, 여의도 일대, 강남 등 3개 축을 중심으로 일자리가 주로 있습니다. 그리고 최근에 생긴 부도심인 구로, 상암, 장지 등의 지역에 약간의 일자리가 있고 서울 동북지역에는 일자리가 거의 전무합니다.

노원구에 일자리가 없는 이유는 1980년대에 개발을 하면서 일자리와 관계없이 아파트만 지었기 때문입니다. 그 이전에는 노원구와 도봉구 일대 10만 평 정도의 땅에 미원, 삼표산업 등 공장지대가 있었습니다. 그런데 그 기업들이 돈이 된다니까 공장지대를 일반주거용지로 바꾸어 아파트를 지었습니다. 기업들은 관청이 그렇게 용도를 바꾸어 준 대가로 도봉구 청사를 지어서 기부채납 했지요. 그렇게 공장지대가 몽땅 다 아파트로 바뀌어 버렸습니다.

그 공장지대를 살려 놓았으면 오늘날 구로공단 자리에 디지털 밸리가 들어선 것처럼 이 지역에도 첨단 벤처 단지가 들어서든지 했을 겁니다. 그런데 그렇게 하지 않고 손쉽게 주거단지로 바꾸어 주었으니 아쉬운 일입니다.

2010년 10월 5일 관내 20여 개 우수 중소기업이 참여한 '찾아가는 취업박람회' 모습. 노원구는 주민들의 일자리 창출은 물론 관내에 일자리를 만들 기업을 유치하기 위해 최선을 다하고 있다.

그 결과 서울 동북지역 도시계획은 엉망이 되었습니다. 지역에 일자리가 없으니까 멀리 출퇴근할 수밖에 없고, 정부는 그런 사람들을 위해 지하철 뚫고 간선도로 놓아 주는 식으로 도시계획을 했습니다. 참으로 근시안적인 도시계획이었습니다.

상계동 지역에 대규모 아파트를 짓기로 했다면 초기부터 산업이 입지할 공간을 만들고 거기에 맞추어 주거지를 배치했어야 하는데 그런 안목이 전혀 없었던 것입니다. 당시 정부의 정책 입안자들은 강남 개발에만 몰두했습니다. 강북은 아예 정책 대상에서 소외되어 있었습니다.

그런 상황에서 구청장도 중장기 계획이란 것이 없었던 사람들이니까 기업이 로비하면 다 공장용지를 대지로 바꾸어 준 것입니다. 그 결과 강북은 완전히 베드타운이 되었습니다. 전철 4호선이 도봉, 노원, 강북, 성북을 관통하는데 출근 시간에 종점에서 타면 시내 이전에는 내리는 사람이 드뭅니다. 원래는 직장과 주거 간에 거리가 최소화될 수 있도록 도시계획을 짜는 것이 기본인데도 그런 개념이 없었던 것입니다.

이제는 구청장도 장기적인 도시계획의 관점을 가져야 합니다. 적어도 서울시 차원에서는 서울시의 균형발전을 고려해야 합니다.

그렇지 않아도 에너지 문제가 심각한데, 출퇴근 거리를 길게 만들게 되면 아무리 대중교통수단을 이용한다 하더라도 에너지 과다소비를 발생시킵니다. 또 삶의 질도 떨어집니다. 퇴근해서 가정에 돌아와서 아이들과 배드민턴도 치고 산책도 하고 그러는 것이 삶의 질이 향상되는 것 아니겠습니까. 꼭두새벽에 출근해서 밤늦게 초죽음 돼서 집에 들어오면 삶의 질이라는 게 높아질 수가 없지 않겠습니까.

## 내가 사는 구 안에 내 직장을

다행히 창동 전철 차량기지가 2018년까지 이전을 계획하고 있습니다. 도봉면허시험장 부지를 포함하면 24만$m^2$의 땅이 생기는 겁니다. 또한 성북역 물류기지 이전 등 성북·석계역 일대를 노원 신경제 거점으로 조성할 계획도 갖고 있습니다. 이들 지역도 이전과 같이 생각한다면 아파트 짓는 게 가장 안정된 수익을 올릴 수 있는 도시계획일 겁니다. 하지만 저는 노원구는 이제 아파트는 그만 지어야 한다고 생각합니다. 그 지역을 일자리가 있는 시설로 재배치하는 것이 노원구의 미래를 위해 굉장히 중요합니다. 저는 남는 공간이 생길 때마다 최대한 일자리를 만들 수 있는 시설을 유치할 생각입니다.

2011년 7월 19일 노원구 관내 서울과기대, 광운대 등 5개 대학과 대학창업보육센터 협약식을 가졌다.

유치할 산업 분야도 구상하고 있습니다. 노원구에는 대학이 7개나 있습니다. 서울여대, 서울과기대, 산업대, 육사, 광운대, 인덕대, 삼육대 등입니다. 서울 동북지역 4구로 확대해 보면 고려대, 경희대, 외국어대 등이 인근에 있어서 대학이 가지고 있는 인적 자원과 일자리 창출을 연계하는 구상을 하고 있습니다.

이미 서울과기대 안에 서울에서는 유일하게 테크노파크를 만들었습니다. 여기에 약 50~60개 정도의 중소기업들이 들어와 있습니다. 노원구에서 의도적으로 만든 일자리의 첫 사례입니다. 앞으로 대학과 연계한 여러 정책들을 내놓을 생각입니다.

서울시 차원에서 보면 동대문 패션타운과 지리적으로 가깝습니다. 또 예전에 대구 지역에서 번성하던 섬유산업, 니트산업 등이 지금은 상당수가 경기 동부권으로 이전하고 있습니다. 노원구는 그 둘 사이 중간지점에 위치하고 있습니다. 그런 면에서 패션디자인산업 분야의 일자리 창출이 가능한 조건입니다.

지금까지 노원구에서 산업이라면 롯데백화점, 삼성생명, 이마트 등 이외에는 없습니다. 모두 유통과 소비산업입니다. 이보다는 장기적이고 안정적인 양질의 일자리를 만드는 일에 최선을 다할 것입니다.

## 제발 우리 좀 내버려둬 주세요
― 계륵이 된 뉴타운

　　노원구의 뉴타운은 상계동 일대 전철 4호선 종점인 당고개역에서 상계역 사이에 위치하고 있습니다. 이 '상계뉴타운'은 6개 권역으로 총 8,600여 세대의 아파트를 계획하고 있습니다.

　　상계뉴타운을 포함한 서울·경기지역의 뉴타운은 지난 대통령선거 때 이명박 후보와 18대 총선 때 여당인 한나라당 후보들이 서울 경기의 각 지역에서 무분별하게 공약으로 내걸면서 '재미를 본' 사안입니다. 당시 유권자들은 돈 안 들이고 새 아파트를 얻을 수 있다는 기대감에 너도나도 뉴타운 열풍에 동참했습니다. 하지만 오늘날 그 광풍이 지나간 뒷자리는 허망하기만 합니다.

## 뉴타운 광풍이 휩쓸고 간 자리

전문가들에 따르면 이명박 후보가 제시한 뉴타운은 서울의 은평 지역만 가능했다고 합니다. 은평구에는 뉴타운 해당 지역에 그린벨트를 포함해서 국공유지가 상당한 비중을 차지하고 있었습니다. 그것을 포함해서 대규모 개발을 하니까 낮은 토지 가격 덕분에 그나마 성공할 수 있었다는 겁니다. 그 외의 지역은 이미 연립주택과 상가가 밀집되어 있어 사실상 사업성을 기대하기 어렵다고 합니다. 그런데 은평 뉴타운 사업이 성공하니까 그것을 본 다른 지역에 일종의 광풍이 분 것입니다.

결국 서울의 25개 구별로 다 하나씩 뉴타운을 선정하게 되었습니다. 노원구에서 수락산과 불암산을 끼고 있는 상계 지역은 애초에는 주민

상계뉴타운 조감도.

들 스스로의 힘으로 일정한 범위 내에서 개발하는 자력 재개발 지역이었습니다. 그런데 뉴타운 바람이 불어 상계뉴타운이 된 것입니다.

제가 취임한 뒤에 살펴보니 6개 지구 중에서 세 군데는 조합이 결성되어 있고 세 군데는 추진위원회 단계에 머물러 있었습니다. 이후 추진위원회 한 곳이 조합을 결성해 조합은 4곳이 되었습니다.

그런데 날이 갈수록 주민들의 뉴타운 반대가 늘어나고 있습니다. 그러니까 주민들 사이에 갈등도 늘어납니다. 그래서 저는 먼저 상계뉴타운이 사업성이 있는지에 대한 조사가 필요하다고 보았습니다. 그래서 이미 조합이 구성된 3개 구역은 사업이 한창 진행 중이니까 조사에서 제외하고, 나머지 3구역에 대해 사업성 조사를 실시했습니다.

그 결과 사업성이 낮은 것으로 나왔습니다. 이를테면 과거에는 30평짜리 자기 집이 있으면 재개발을 해서 최소한 30평짜리 아파트는 자기 돈 안 내고 얻을 수 있었습니다. 그런데 이제는 그렇게 옮겨가려면 최소한 1억 원에서 2억 원 정도를 추가로 부담해야 합니다. 그렇다면 부담 능력이 없는 가구는 집을 처분하고 다른 곳으로 이주해야 합니다. 서민들에게는 광풍이 날벼락이 되어 뒤통수를 치는 격이 된 것입니다.

**객관적인 조사 통해 사업성부터 검증**

뉴타운 광풍이 한참 불 때는 토지의 평당 가격이 1,200만 원에서 1,400만 원 정도까지 올라갔습니다. 이전에 평당 3, 4백만 원 하던 곳이 그렇게 값이 뛰었으니 주민들은 돈벼락 맞은 기분이었겠지요. 하지만 최근 부동산 경기가 하락하면서 토지 가격은 떨어지고 있습니다. 그렇게 되면 추가부담 액수는 더 늘어납니다. 상황이 이렇게 바뀌니까 조합에서는 사업을 할 수도 없고 안 할 수도 없는 난처한 상황에 빠졌습니다. 먹기엔 귀찮고 버리기엔 아까운 계륵이 되어 버린 것입니다.

이런 상황에서 사업성을 높이려면 최대한 용적률을 높여야 합니다. 즉, 층수를 고층으로 올려야 합니다. 그러나 고층으로 올라갈수록 공사 단가도 따라서 올라갑니다. 뿐만 아니라 주변 환경이 열악해집니다.

아파트 층수가 올라가면 가구당 대지 지분은 그에 반비례해서 적어집니다. 결국 아파트 가격에서 대지 가격보다 건물 가격이 더 큰 비중을 차지하게 됩니다. 그런데 아파트를 지어서 입주하는 순간부터 건물은 감가상각 되기 시작합니다. 결국 가만히 앉아서 자기 재산을 갉아먹는 꼴이 됩니다. 더구나 아파트 층수가 5층에서 15층 올라가는 것까지는 가능한 수준인데 30층, 50층까지 올리기는 사실상 불가능합니다.

주민들 사이에 뉴타운 재개발 반대 의견이 늘어나고 있는 것은 이러한 사실을 주민들이 자각하기 시작했기 때문입니다. 따라서 정부와 서울시는 추진위원회를 구성했다가 사업을 안 하기로 결정하는 경우 추진위원회 단계까지 들어갔던 비용을 일정하게 서울시가 지원해 줄 수 있도록 법을 제정했습니다. 예를 들면 상계뉴타운 구역 중 어떤 추진위에서 사업성이 없으므로 재개발을 포기한다고 결정했고 그때까지 20억 원의 비용이 들었다면 그 절반 정도는 서울시에서 지원해 줄 수 있을 것입니다. 나머지 절반은 조합원들이 나누어서 부담해야겠지요.

그러나 조합 단계까지 간 데는 출구전략이 전혀 없는 상태입니다. 여기에서 또 하나의 문제는 소유자가 현지에 거주하지 않는 경우가 많다는 겁니다. 대략 50% 정도 됩니다. 외지인이 투기를 목적으로 토지를 취득하고 있는 경우가 많습니다. 외지인들은 일단 투자한 돈이 있기 때문에 죽으나 사나 사업을 진행하려고 합니다.

그래서 현지에 가보면 주민들 사이에서는 7대3으로 반대가 많은데, 소유자 의사로 보면 외지인은 거의 찬성하고 실거주자 중 일부가 찬성해서 총 찬성률이 과반수를 약간 넘게 나옵니다.

그런데 외지인은 대개 노원구 사람이 아닙니다. 노원구에서 투표하지 않았죠. 구청장인 제가 정책을 수립하고 집행하는 데는 어디까지나 이 지역에서 투표한 유권자들을 상대로 하는 것입니다. 여기에도 일정한 모순이 존재하고 있습니다.

하지만 아직은 괜찮습니다. 현재 재개발조합을 구성할 수 있는 조건은 전체 소유자의 70%의 동의입니다. 2012년 상반기 시점에서 사업성

상계뉴타운반대 주민연합이 주최가 되어 '뉴타운 사업 중단, 지구 지정 철회'를 내걸고 시청 앞에서 시위를 벌이고 있다.

이 없다는 게 확인이 되니까 찬성률이 현저하게 떨어지고 있습니다. 찬성률이 낮아져 조합 구성이 안 되면 출구가 보일 수 있습니다.

소유자 70% 이상의 찬성으로 조합이 구성되어 있더라도 조합 내에서 과반수가 사업 중단을 원하면 사업은 중단됩니다. 다만 이때는 그동안 들어갔던 비용에 대한 문제가 남습니다. 2012년 상반기 현재의 법률로는 구제 수단이 없습니다. 앞으로 국회에서 이와 관련된 입법이 추진되기를 기대해야 할 것입니다.

**주민이 행복한 재개발을 위해**

구청으로서는 이 사안은 각 개인의 재산이 걸려 있는 문제라서 특정한 방향으로 유도할 수는 없습니다. 다만 전문가나 기관에 연구를 의뢰하여 최대한 객관적 상황을 알려 주고 있습니다. 구에서 이렇게 하니까 이미 조합이 구성돼 있는 구역에서도 실태조사를 해 달라고 요청해서 실태조사를 하고 있는 중입니다.

상계뉴타운이 철회되면 그 지역은 원래 계획했던 대로 주민 자력에 의한 부분개발 방식으로 진행하게 됩니다. 그럴 경우 재개발, 재건축 권역을 더 잘게 나눌 것입니다. 그래서 각 구역의 형편에 적합한 사업을 구에서 지원할 것입니다. 이를테면 어떤 구역에는 공원을 조성한다든지 다른 구역에는 도로를 건설한다든지 하게 될 것입니다. 이것을 체계적으로 하면 뉴타운보다 훨씬 나을 수 있다고 생각합니다. 저는 주민들 모두가 뉴타운의 허망함에서 무사하게 탈출하여 지역공동체 안에서 행복한 주거생활을 영위할 수 있도록 노력할 것입니다.

## 재건축 연한 단축해 주세요
### —주택정책의 전환

　노원구에 대규모 아파트단지가 들어선 시점이 1987년, 88년 무렵입니다. 당시에 건설한 주공아파트가 총 19단지인데 1단지부터 16단지까지는 노원구에 있고, 나머지 세 단지는 도봉구에 있습니다. 2012년의 시점에서 보면 대략 25년 정도 됐습니다. 그러니까 배관도 많이 낡았고, 아파트 형태도 옛날 아파트이다 보니까 최근에 시공한 아파트에 비해서 구조적으로 문제가 약간 있기도 합니다. 말하자면 주민들 사이에 뭔가 바꾸고 싶은 욕심이 있던 차에 문제가 터졌습니다.

**재건축에 대한 환상**

　일반적으로 아파트 철근콘크리트 구조는 준공 후 50년 동안은 갈수록 단단해지고, 이후 50년에 걸쳐 조금씩 약화된다고 합니다. 즉, 아파트 수명이 대략 100년은 된다는 말입니다. 그래서 오세훈 시장 재임 시절에 아파트를 재건축할 수 있는 연한을 준공 후 40년으로 하는 조례를 통과시켰습니다. 아파트도 일종의 공공재적 성격이 있기 때문에 최소한 40년은 사용하라는 것이었죠.

이 조례에 대해 노원구 주공아파트 주민들이 격렬하게 반대하고 나섰습니다. 그렇지 않아도 아파트를 손보고 싶던 차였는데 연한 40년이면 앞으로 15년 동안은 재개발이 불가능하다는 말이었기 때문입니다. 전임 구청장 시절에 주공아파트 주민들이 구청으로 몰려와 데모를 했습니다. 요구는 물론 재건축 연한을 단축시켜 달라는 것이었습니다.

사실 40년은 너무 긴 게 아니냐는 주민들의 주장은 타당한 측면이 있기는 합니다. 1980년대에 지은 아파트 중에는 지진에 견디도록 하는 내진설계가 안 되어 있는 경우가 있습니다. 최근 지구상 곳곳에 지진이 자주 일어난다는 보도를 접한 주민들이 불안해하는 것은 당연한 일입니다. 또 1980년대에 주택 2백만 호 건설 계획을 밀어붙이며 대규모로 아파트를 짓는 과정에서 부실하게 시공한 경우도 있습니다.

따라서 저는 구청장에 취임한 뒤 서울시에 수정제안을 했습니다. 아파트 재건축 연한을 일률적으로 40년으로 할 것이 아니라 탄력적으로 적용해서, 원칙은 40년으로 하되 안전에 심각한 문제가 있거나 구조적으로 취약점이 드러난 아파트에 대해서는 정밀진단을 통해서 재건축이 가능할 수 있도록 바꾸어 달라는 것입니다.

## 사실과 진실을 알고 나면

그러나 사실 문제는 주민들이 재건축에 대해 품고 있는 환상에 있었습니다. 주민들은 재건축을 하면 자기 돈 얼마 안 들이고 새 아파트로 옮길 수 있을 것이라는 환상을 가지고 있습니다.

그 환상이 현실이 되려면 5층짜리 연립주택이나 잠실에 있던 것과 같은 5층짜리 아파트를 25층, 30층으로 재건축하는 경우여야 가능합니다. 그러나 노원구의 아파트는 이미 15층입니다. 15층짜리를 자기 돈 안 들이고 재건축하려면 아마도 50층 내지 60층짜리를 지어야 가능할 것입니다. 그건 불가능한 일입니다. 주민들이 이런 현실을 잘 모르고 있습니다. 거의 뉴타운과 같은 맥락의 환상을 갖고 있는 것입니다.

저는 주민들이 이러한 생각에서 벗어나야 한다고 생각합니다. 지금은 재개발, 재건축을 할 것이 아니라 최대한 아껴 쓰고 고쳐 쓰고, 정 필요하면 리모델링 하는 정도로 살아야 합니다. 도저히 낡아서 못 쓴다고 하면 자기 돈 들일 각오를 하고 재건축을 해야 합니다. 이것이 현실이고 진실입니다. 그런데도 40년으로 제한해 놓은 것 때문에 재개발, 재건축을 못해서 더 좋은 아파트에서 쾌적하게 살 수 있는 기회를 잃었다고 착각해서 화풀이를 하는 측면이 분명히 있습니다.

2012년에 들어와서 주민들도 점차 수긍하는 방향으로 생각해서 조용해지고 있습니다. 그런데 박원순 시장이 후보 시절일 때 해프닝이 한 번 있었습니다. 박원순 시장이 한나라당 나경원 후보와 TV토론을 하는데 나경원 후보 측에서 박원순 후보에게 노원 지역 같은 데는 재건축 연한을 단축시켜 주어야 되는 게 아니냐고 문제 제기를 했습니다. 박원순 후보는 무슨 소리냐 아껴서 오래 써야 한다고 주장해서 논쟁이 붙었습니다.

이후 박원순 후보 측에서 노원구 입장이 뭐냐고 물어 왔습니다. 그래서 노원구 입장은 40년을 원칙으로 하지만 낡거나 문제가 심각한 경우는 예외적으로 단축시켜 줄 수 있도록 하는 게 합리적인 것으로 본다고 했습니다. 그런데 그다음 토론에서 박원순 후보가 노원구에서도 연한 단축을 반대한다고 주장했습니다.

덕분에 구청이 발칵 뒤집혔습니다. 주민들은 제가 무조건 연한 단축에 반대한다는 것으로 알고 항의가 빗발쳤습니다. 그것을 해명하느라고 애를 좀 먹었습니다.

# 공동체 복원의 첫걸음, '안녕하세요'
### —마을만들기

　마을만들기. 박원순 서울시장이 취임한 이후 가장 강조하는 정책입니다. 좋은 정책인 것 같은데 손에 딱 잡히질 않습니다. 흔히 마포의 성미산 마을을 예로 들지만 이 모델을 확산하기도 그리 쉽지 않아 보입니다. 오세훈 시장 시절 모든 정책을 '디자인'으로 포장했던 것처럼, 기존에 하고 있는 많은 일을 포장만 바꿔서 '마을만들기'로 둔갑하지는 않을지 걱정하는 사람도 있습니다. 어디서부터 실마리를 풀어 나가야 할까요?

## 농촌공동체의 해체와 도시공동체의 복원

　잘 알려진 바와 같이 대한민국은 세계에서 가장 빠른 속도로 도시화를 이룬 나라입니다. 40년전 인구의 90%가 농촌에 살다가 지금은 93%

가 도시에 살고 있으니 그야말로 격세지감이죠. 도시화의 속도와 정반대로 진행된 것이 출산율입니다. 농어촌시대에는 일손이 많아야 했기 때문에 제 또래만 해도 대부분 적게는 3명에서 많게는 7, 8명까지 형제가 있었습니다.

그러던 것이 제가 대학을 가던 1983년을 변곡점으로 해서 현재는 1.2명대로 세계에서 가장 아이를 낳지 않는 나라가 되었습니다. 한 세대 내에서 산아제한정책과 출산장려정책을 동시에 경험하는 나라가 대한민국 말고 또 있을까 싶습니다.

이렇듯 빠른 변화 속에 아련히 남아 있는 추억이 농촌공동체입니다. 두레, 계, 품앗이 등으로 표현되는 농촌공동체. 이곳에서는 부모가 들에 나가면 고모나 이모가 대신 업어 주었고, 아버지가 일찍 돌아가시면 작은 아버지가 대신하여 친자식처럼 돌봐주었습니다. 추수할 무렵이면 동네 사람들이 돌아가며 일손을 거들어 주었고, 막걸리 한 사발로 고마움을 대신했습니다.

도시화가 진행되면서 농촌공동체는 조금씩 해체되었지만, 이를 대신할 도시공동체는 만들어지지 않았습니다. 이 기간 중에 외환위기가 겹치면서 황금만능주의와 이기주의가 더 팽배해져 도시민의 삶은 갈수록 피폐해져 갔습니다.

특히 행정기관은 주거, 도로, 상하수도, 교육 등 도시화에 따르는 각종 문제를 해결하는 데 급급하여 도시형 공동체를 만드는 데는 관심이 적었습니다. 오히려 전면 철거방식의 도시개발, 아파트 위주의 주택공급 정책 등으로 공동체의 해체를 가속화한 측면도 있었습니다. 그나마 이 빈 공백을 메꿔 준 곳이 교회나 사찰이었고 혹은 향우회와 같은 친목단체들이었습니다.

마을만들기는 농촌에서 해체된 공동체를 도시에서 복원하는 사업입니다.

### 전국 최초 아파트 마을공동체협의회 구성

노원구는 아파트가 전체 세대의 82%를 차지합니다. 노원에서 마을만들기를 성공하려면 아파트 단지를 공동체로 만드는 일이 사업이 무

노원구 관내 150세대 이상 의무관리 아파트의 입주자대표회장 169명으로 구성된 '아파트 마을공동체 협의회'는 현재 구협의회와 6개의 권역별 협의회 그리고 19개 동별 분회로 구성되어 있다. 사진은 2012년 5월 9일 노원구청 소회의실에서 열린 창립총회 모습.

엇보다 중요하다고 생각했습니다. 아파트 마을만들기의 주체는 당연히 동대표가 나서야 하겠기에 우선 아파트단지 동대표 회장들이 당연직으로 참여하는 노원구 차원의 자율기구를 구성하자고 제안했습니다. 그동안에도 아파트 동대표들이 참여하는 연합회 조직이 있었습니다. 그러나 이 조직은 현역 동대표를 퇴직한 분들이 다수 개인적으로 참여를 하여 노원의 전체 아파트를 대표하기에는 한계가 있었습니다.

2012년 5월, 드디어 노원의 6개 권역에서 선출된 동대표 임원들이 모여 노원구 아파트 마을공동체협의회가 정식으로 출범했습니다. 참석하신 면면들을 보니 기왕에 각 아파트에서 공동체 복원활동을 모범적으로 일해 오신 분들이었습니다. 이런 형식의 모임은 전국에서 처음이라고 자부심도 대단하셨습니다. 초대 회장으로 뽑힌 월계동 롯데캐슬아파트의 박근영 대표님은 아파트에서 음악회, 나무심기, 각종 문화활동을 통해 오래전부터 아파트공동체 활동을 해오신 분이기도 하십니다.

**마을 단위 텃밭 공동체**

협의회가 발족한 지 한 달. 하계동 한신아파트 옥상에서 가꾼 텃밭에서 나눔 행사를 한다고 해서 가봤더니 깜짝 놀랄 일이 있었습니다. 일반적으로 옥상 텃밭 하면 오이나 가지, 깻잎, 상추 등이 자라는 모습을 봐왔는데, 이곳에서는 일반적인 텃밭작물뿐 아니라 수박과 참외가 옥상에서 자라고 있었습니다. 이 단지의 오창록 동대표가 주민들과 함께

땀과 열정으로 만들어낸 작품 속에 아파트형 마을공동체가 쑥쑥 자라고 있음을 느낄 수 있었습니다.

아파트 옥상뿐 아니라 빈 땅을 이용한 마을텃밭도 공동체 형성에 상당한 효과가 있었습니다. 각 동의 주민자치위원회가 주관하여 동네 인근의 유휴지를 최대한 활용하여 텃밭을 만들고 이를 각 직능단체와 가족들에게 분양하여 텃밭을 가꾸었습니다. 상계동 허브공원, 하계1동 서울과학관 예정 부지, 월계동의 도로 예정 부지 등에서 자라는 고추와 오이는 마을공동체 복원의 좋은 씨앗이 되고 있습니다.

노원구와 서울시의 지원과 십시일반 주민들의 힘이 보태져 마련된 하계1동 한신아파트 옥상의 텃밭. 이곳에서는 주민들이 직접 농사를 지은 채소 등을 함께 수확하고 나누며 이웃간의 정을 듬뿍 느낄수 있는 곳이다

## 현대와 과거가 공존하는 104마을

　서울의 3대 학원가로 유명한 중계동 은행사거리 뒤편에는 서울 하늘 아래 마지막 달동네인 백사마을이 있습니다. 이곳은 당초에 전체를 재개발하여 아파트를 짓는 것으로 청사진이 사실상 확정되어 있었습니다. 그런데 뒤늦게 서울시에서 일부 주거지를 보전하자는 의견이 제시되었습니다. 주민들이 이 사실을 알면 또다시 개발이 늦어지는 것 때문에 반발이 심할 것 같아 당시 서울시 김효수 주택본부장과 조용하게 104마을을 둘러보았습니다. 이 마을을 일부라도 보전하여 과거와 현재가 공존하는 마을로 만든다면 서울의 명소가 될 수 있을 것 같았습니다. 이때부터 서울시와 노원구가 합동으로 주민들을 설득하는 공동작업을 펼쳤습니다. 처음에는 완강하던 주민대표들도 새로운 개발방

아파트와 일반주택이 공존하고, 새로운 마을공동체의 모델이 될 노원구 중계본동 백사마을 재개발 조감도.

식에 동의해 주었고, 전체 주민 공청회에서도 70% 이상 새로운 방식에 찬성해 주었습니다.

그리하여, 서울시 주택재개발 사상 처음으로 아파트와 일반주택이 공존하고, 이 공간에 서민들이 지역을 떠나지 않고 살게 되는 새로운 방식의 주거지가 탄생하게 되었습니다.

2014년 첫 삽을 떠서 2016년 입주하게 될 백사마을이 새로운 마을공동체의 모델이 되기를 기대해 봅니다.

**도시의 익명성에서 벗어나기**

요즘 노원의 주요 사거리와 아파트 입구에는 마치 선거 때와 같이 많

월계동 롯데캐슬아파트 단지 내에 걸려 있는 아파트 마을공동체협의회 명의의 안녕하세요 캠페인 현수막.

은 현수막이 걸려 있습니다. '마을공동체 복원의 첫걸음, 안녕하세요', '아는 만큼 가까워집니다.' 등의 내용입니다. 각 마을마다 약간씩 문구도 다르고 현수막을 거는 주체가 다르지만 공통된 주제는 인사하기입니다. 저는 마을만들기의 핵심은 도심 속에 숨어 있는 익명성과 이기주의로부터 벗어나는 것이라고 생각합니다. 옆집에 누가 사는지도 모른 채 마을공동체 복원은 불가능합니다. 그래서 이웃끼리 서로 인사 나누는 일부터 시작했습니다. 구청에서 이런저런 행사를 할 때 국민의례를 하기 전에 옆 사람과 인사하기부터 시작합니다.

마을만들기의 성패는 이기적으로 사는 삶보다 이타적으로 사는 삶이 더 행복하다고 느끼는 사람이 얼마나 많아지느냐에 달려 있습니다.
경제학에서는 인간이 이기적이라고 가르치지만, '최후통첩 게임'에서 증명하는 것처럼 인간의 본성은 이타적이라고 저는 믿습니다. 그런 믿음이 커질수록 마을만들기의 성공 가능성도 함께 커질 것입니다.

제4부

# 편한 의자

## 18년 닫힌 철문을 열다
―소통의 달인

현재의 노원구 청사는 1992년에 지어졌고, 그때부터 지금까지 구청장실은 5층에 있습니다. 구청장실로 가려면 엘리베이터를 타거나 계단을 이용해야 하는데, 구청장실 앞 계단 철문은 개청 이래 18년 동안 굳게 잠겨 있었습니다. 주민들이 어떤 문제 때문에 구청장에게 항의하러 오면 엘리베이터마저 5층에 서지 않았습니다. 그 순간 5층 구청장실은 일종의 철옹성이 됩니다. 항의하러 온 사람들은 결국 구청장은 만나지도 못하고 부구청장이나 담당 국장을 만나서 얘기를 전달하고 발길을 돌려야 했습니다. 그것이 관선 구청장 시대 때부터 민선 4기까지의 관행이었습니다.

## 소통을 가로막는 벽

저는 이런 식으로 주민들과의 사이에 벽을 만드는 것은 소통을 거부하는 자세라고 봅니다. 그래서 제가 구청장에 취임한 뒤 구청장실에 출근하면서 가장 먼저 한 일이 계단 철문의 자물쇠를 풀고 개방한 것이었습니다. 지금은 누구나 엘리베이터를 타거나 계단을 통해서 5층에 내려서 구청장실로 아무 제지를 받지 않고 올 수 있습니다.

일부에서는 우려를 하는 사람도 있었습니다. 하지만 저는 진실된 마음으로 주민들을 대한다면 아무 문제도 없을 것이라고 자신했습니다.

그러다 보니 재미있는 해프닝도 있었습니다. 장애인차별철폐연대라는 단체에서 활동하는 박○○ 씨라는 분이 계십니다. 머리를 길게 기른 분인데 휠체어에 몸을 쇠사슬로 묶고 시위를 하는 모습이 언론에 많이 보도가 되어서 유명해진 분입니다. 제가 청와대에 있을 때 대통령이 참석한 장애인 행사 때 그분이 예고 없이 대통령 앞에서 플래카드를 펼쳐 경호원들을 당황하게 만들기도 했습니다.

그분이 주도하는 단체에서 2011년에 장애인 자립을 지원하는 예산을 늘리라는 주장을 했습니다. 그 예산이 이미 국비와 시비에 일정한 액수가 책정이 돼 있는데, 그것만으로는 부족하니 구에서도 예산을 편성하라는 것이 요점이었습니다. 그 단체 회원들이 이런 주장을 관철시키기 위해 서울시 각 구청을 돌면서 집회와 시위를 했는데 노원구에도 여러 차례 왔습니다.

처음에는 그분들이 문건을 전달하겠다고 해서 제가 받았습니다. 그런데 그 후에는 구청 건물 앞에서 시위를 시작했습니다. 휠체어에 탄

장애인 2, 30명 정도가 시위를 하니까 노원경찰서에서 전투경찰을 출동시켜서 그분들이 정문을 통과하지 못하도록 막았습니다. 그분들은 정문을 통과하겠다며 전투경찰과 밀고 당기며 실랑이를 벌였습니다.

제가 구청장실에서 내려다보니까 저러다 누가 다치겠다 싶었습니다. 그래서 제가 내려가서 전투경찰을 철수시키고 그분들에게 들어오시라고 했습니다. 그분들은 얼떨결에 1층 로비까지 들어왔습니다. 제가 대표자와 면담을 하겠다고 했습니다. 그랬더니 그분들이 자기네들끼리 구수회의를 하더니 다시 나가겠다고 했습니다. 제가 왜 그러시냐고 했더니 대표인 박○○ 씨란 분이 아직 도착 안 했다며 그분이 올 때까지 시위를 계속하겠다는 것이었습니다.

그래서 저는 나가서 시위를 하시되 자리를 마련해 줄 테니 전경들과 밀고 당기고 하지 말아 줄 것을 부탁했습니다. 그렇게 평화적으로 시위를 하고 싱겁게 끝났습니다.

그러니까 그동안 관청에서는 소통을 거부하는 관행이 있었고, 시민단체 같은 곳에서는 그런 관행에 대응해서 무조건 시위부터 하여 소란스럽게 하고 보는 또 다른 관행이 있었던 것입니다. 따라서 저는 소통의 길을 닫았던 관청에서 길을 열면 상대방도 점차 변할 것이라고 생각합니다. 시간이 다소 걸리겠지만 인내심을 갖고 소통의 길을 잘 닦아야 할 것입니다.

**구청이 변하면 민원인도 변한다**

이제는 구청장실을 방문하는 데 아무런 제약이 없습니다. 그것 자체

구청장 취임 뒤 처음 한 일이 관선 구청장 시대에 주민들과의 만남을 가로막던 철문을 철거하는 것이었다.

지역에서 문제가 발생하면 곧바로 현장에 나가 상황을 살펴보고 주민들의 의견을 현장에서 듣는다. 구청장부터 주민을 찾아가는 것, 그것이 바로 행정의 역할이 아닐까.

만으로도 주민들의 불만은 상당히 해소가 됩니다. 사실 모든 문제가 구청장을 만난다고 해서 해결되는 것은 아닙니다. 하지만 민원인들을 대표해서 온 분의 처지에서는 구청장과 직접 만나야 돌아가서 '구청장 만나서 전달했다'는 말로 면목을 세울 수 있지 않겠습니까. 그런데 그것을 괜히 못 들어오게 하고, 철문을 두드리는데 열어 주지도 않고 그래서 민원인을 열 받게 하는 것은 어리석은 일입니다.

한번은 중계동에서 동 청사를 새로 짓는데 원래 3층짜리 건물이었는데 5층짜리로 지으면서 민원이 발생했습니다. 건물이 올라가는 것을 본 주민들이 생각보다 높아서 일조권 방해와 사생활 침해 등의 문제가 있다며 항의했습니다. 급기야 주민들이 어깨띠를 두르고 중계동에서 구청까지 걸어서 왔습니다.

1층 안내대에서 어떻게 했으면 좋겠느냐고 물어 와서 구청장실로 모두 모시라고 했습니다. 올라왔는데 약 3, 40명 정도 되니 구청장실에 다

지역난방 주민설명회에서 참석주민의 의견을 듣고 그 자리에서 답변을 한다.

못 들어와서 옆 기획상황실로 안내했습니다. 그리고 그분들의 주장을 들어 주었습니다. 너무 높아서 햇빛 다 가린다, 공사 때문에 시끄러워 죽겠다, 사생활 보호가 안 된다 등의 이야기였습니다. 저는 주민들의 주장에 이유가 있다고 생각했습니다.

제가 곧바로 그날 오후에 나가서 현장 둘러보고 주민들 얘기를 현장에서 다시 듣고 현장에서 조치할 것은 조치했습니다. 물론 주민들의 요구를 다 충족시켜 주지는 못했습니다.

그리고 제가 주민들을 만나서 이야기했습니다. "구청까지 먼 거리를 땡볕에 걸어서 오실 필요 없습니다. 앞으로 이런 일이 있을때 미리 연락을 하면 버스를 보내 드리겠습니다."고 했습니다. 구청에 오시면 제가 얘기를 다 들어 드리겠다고, 제가 해결할 수 있는 일은 다 해결해 드리겠다고 했습니다. 이후 그분들이 어깨띠 두르고 구청까지 시위하러 오는 일은 없었습니다.

**들어 주는 것만으로 절반은 해결**

한번은 노원구에 있는 민간 어린이집을 부모들이 고발을 해서 언론에 대문짝만하게 보도된 일이 있었습니다. 어린이들에게 곰팡이가 생긴 상한 음식을 먹였다는 것이었습니다. 그러니까 원장이 곧바로 어린이집을 폐원을 해 버렸습니다.

그다음 날 학부모들이 집단적으로 구청으로 몰려왔습니다. 당장 아이들을 보낼 곳이 없으니 대책을 세워 달라는 것이었습니다.

제가 그분들을 못 만날 이유가 없었습니다. 그래서 구청장실 옆 회의

실에서 그분들을 만났습니다. 그 현장을 최초로 어린이집을 고발했던 언론사에서 촬영을 하며 취재를 했습니다. 저는 취재하는 것에 개의치 않고 학부모들의 주장을 청취했습니다. 그리고 원만하게 해결이 되었습니다.

그러나 그것은 결국 보도되지 않았습니다. 나중에 그 방송사 기자에게 왜 보도하지 않았느냐고 물었습니다. 그랬더니 그 기자가 말하기를 자기네들이 찾아온 이유는 어린이집을 필요로 하는 부모들은 굉장히 애가 달아 하고, 구청은 특유의 나 몰라라 하거나 업자 편을 들거나 하는 장면이 찍혀야 딱 '그림'이 되는데 그런 그림이 안 나오니까 자기네들 취재 의도와 맞지 않았다고 했습니다. 아마도 기자는 최소한 학부모들이 "구청장 나와!" 하며 소란 피우고, 구청 직원들은 "구청장 바빠서 못 만납니다." 하는 장면을 기대했던 것은 아닐지 모르겠습니다.

매년 구청 공무원노동조합에서 이웃돕기기금 마련을 위한 행사를 개최합니다. 이 행사에는 저도 참석하는데, 노동조합에서 저를 '소통의 달인'이라고 소개하더군요. 조금은 쑥스러웠지만 구청장이 어떤 민원이든 피하지 않고 대화로 문제를 풀어 가는 모습을 보고 붙여준 별칭 같아 고맙기도 했습니다.

저는 주민들의 민원은 일단 들어 주는 게 절반이라고 생각합니다. 문제가 해결되지 않더라도 들어 주면 절반쯤은 풀리는 것 같습니다. 그리고 역지사지해서 민원을 제기하는 분들의 입장에 대해서 충분히 공감을 표한 뒤 우리가 할 수 있는 일과 못하는 일을 가려서 설득하면 많은 경우가 해결이 됩니다.

## 대화로 풀 수 없는 문제가 있을까
―30년 된 불법 배드민턴장 정비

주민들 사이 갈등이 있을 경우 구청에서 그것을 어떻게 풀 것이냐, 말하자면 갈등 관리를 어떻게 할 것이냐 하는 것도 구정 중 중요한 부분입니다. 노원구에는 수락산과 불암산이 있고 등산을 즐기는 주민들이 많습니다. 그런데 그 등산로 입구에 불법 배드민턴장이 흉측한 모습으로 서 있었습니다. 등산하는 주민과 배드민턴 즐기는 주민 사이에 갈등이 첨예하게 맞서고 있었습니다.

**흉물이 된 배드민턴장**

배드민턴은 보통 처음에는 맨 땅에서 하기 시작합니다. 그러다 동호회가 만들어지고 회원이 늘어나면 회원들의 요구가 많아집니다.
우선 배드민턴은 바람에 민감하니까 처음에는 코트 주변에 기둥을 세우고 천막으로 가려서 바람을 막습니다. 그런데 측면을 막아도 풍 현상에 의해서 바람이 안에도 들어옵니다. 그러면 기둥을 좀 더 높이 세웁니다. 그러다 보니 비가 와도 배드민턴을 치고 싶습니다. 그러면 기둥 윗면에 뚜껑을 덮습니다. 이것이 바로 주민들에게 흉물로 보이는 배드민턴장의 모습입니다. 이런 배드민턴장이 노원구에는 여러 곳 있습니다.

둘레길이 요즘 유행이라 노원구 불암산에도 둘레길이 하나 생겼습니다. 그 둘레길 바로 옆에 불법 배드민턴장이 있었습니다. 지나가는 사람들이 다들 이런 흉물을 왜 방치하냐고 한 마디씩 안 하는 사람이 없었습니다.

그래서 저는 배드민턴장 동호회 회원들을 만났습니다. 시설이 불

주민들 간의 갈등의 원인이 된 등산로 입구에 세워진 30년 된 불법 배드민턴장을 직접 살펴보았다. 그 뒤 경우에 따라 대안을 제시하고 정비했다.

법인데다 보기에도 흉하니 정비를 해야겠다고 말했습니다. 불법 배드민턴장 가운데는 이미 이행강제금이 부과된 곳도 있었습니다. 1년에 2,500만 원씩 두 차례 부과되어서 5천만 원의 이행강제금이 부과된 상태였습니다. 그곳의 회원들에게는 철거를 안 하면 제가 또 이행강제금을 부과할 것인데 그러면 7천 5백만 원이 되니 동호회에게 상당한 부담이 될 것이다, 그런 상황까지 가지 않았으면 좋겠다고 말했습니다.

배드민턴장 중에는 역사가 30년이나 된 곳도 있었습니다. 그 동호회 회원 가운데는 동네 유지들도 포함돼 있고, 여러 연줄이 있었습니다. 선거 때 그분들이 영향을 미칠 수 있는 표가 상당하니까 이전의 단체장들도 정비를 못했던 것입니다.

그런데 저는 구청장에 취임하면서 4년만 한다는 각오로 임했습니다. 차기를 생각하기 시작하면 소신 있는 행정을 펼치지 못할 것 같았기 때문입니다. 그런 각오로 배드민턴장 정비에 손을 대려고 달려든 것이었습니다.

### 대안 있는 정비

하지만 저는 생각했습니다. 그들에게 무조건 물러서라고 하는 것도 구청이 할 일은 아닙니다. 배드민턴장은 생활체육 시설입니다. 주민들이 최소한의 생활을 할 수 있는 경제적인 여유를 갖게 된 다음에는 창작활동을 한다든지 음악활동을 한다든지 스포츠 활동을 한다든지 하며 삶의 여유를 즐기고 인생에서 보람을 느끼는 것입니다. 그렇다면 구청에서는 더 많은 공간에서 더 많은 구민이 그런 활동에 참여할 수 있도록 하는 것이 지방자치의 본령이라고 생각합니다.

그래서 정비를 밀어붙이기보다는 시설 철거 이후의 대안을 제시했습니다. 지붕이나 가림막이 없는 노천 배드민턴장은 허용을 하고, 다른 장소를 원하는 분들에게는 다른 곳을 이용하실 수 있도록 조치해 드렸습니다.

이렇게 해서 불법 배드민턴장을 정비하는 데 성공했습니다. 산책과 등산을 즐기는 주민들은 아주 반기고 있습니다.

체육관 대관료를 내 드리고, 한쪽은 배드민턴 전용구장이 있으니까 전용구장에 일종의 프리패스권 같은 것을 만들어 드리고 그렇게 해서 정비를 하니까 요즘은 동네 주민들이 흉물스런 배드민턴장이 없어지니까 아주 시원해하지요.

지난 시절에는 구청에서 일단 정비하기로 결정을 하면 정비 이외에 다른 대안들을 만들어 주는 경우가 거의 없었습니다. 배드민턴장의 경우가 주민들 사이의 갈등을 조정하는 하나의 사례로 좋은 표본이 될 것으로 생각합니다.

# 헌법 제1조 2항과 제7조 1항
### —내가 생각하는 공무원

　　대한민국 헌법 제1조 2항에는 "대한민국의 주권은 국민에게 있고 모든 권력은 국민으로부터 나온다."고 규정돼 있습니다. 이는 바로 '국민주권의 원리'로서 국가의 의사를 전반적, 최종적으로 결정할 수 있는 최고의 권력인 주권을 국민이 보유한다는 것입니다. 아울러 모든 국가권력의 정당성은 그 근거를 국민에게서 찾아야 한다는 뜻입니다. 특히 공무원은 국민의 권력을 대행하는 위치에 있으므로 이 조항을 늘 가슴에 새겨야 합니다.

**공무원은 봉사자**

　　공무원의 직무를 규정한 헌법 조항은 제7조 1항입니다. "공무원은 국민 전체에 대한 봉사자이며 국민에 대하여 책임을 진다."고 규정돼 있습니다. 이것을 헌법 제1조 2항과 합해서 생각해 본다면 우리나라의 직업공무원 제도는 국민주권 원리에 바탕을 둔 민주적이고 법치주의적인 공직제도임을 알 수 있습니다.

따라서 공무원은 국민 전체에 대한 봉사자로서 마땅히 갖추어야 할 직업윤리가 있습니다. 특히 국민 일부가 아니라 전체에 대한 봉사자이기 때문에 일반 국민이나 기업 근로자보다 더 높은 윤리 기준이 요구됩니다. 그러나 우리는 오늘날 오히려 국민 일반보다 뒤떨어지는 윤리의식으로 부정과 부패를 저질러 국민의 지탄을 받는 공직자를 흔히 봅니다.

돌이켜 보면 조선시대 후기 이래 공직자들의 부정부패는 우리의 고질적인 문제였습니다. 그래서 일찍이 다산 정약용은 『목민심서』라는 책에서 "오직 이익 추구에만 급급하고, 어떻게 목민해야 하는지를 모르고 있다. 그래서 백성들은 여위고 곤궁하고 병들어 구렁텅이에 줄을 이어 그득히 넘어졌는데도 목민관들은 아름다운 옷에, 기름진 음식에 혼자 살이 찌고 있으니 어찌 슬프지 않겠는가." 하고 질타했던 것입니다.

**창의와 책임감으로 국가에 충성을**

공무원이 가져야 할 윤리규범 중 으뜸은 국가에 대한 헌신과 충성입니다. 여기서 충성이란 헌법을 수호하고 민주적 기본질서와 국가에 대해 헌신하는 것을 의미합니다. 특히 선출직 공무원의 경우 특정 정당에 소속돼 있을지라도 자신이 속한 정당의 이익을 위한 헌신이 아니라 국민 전체의 보편적 이익을 추구하기 위한 헌신에 복무해야 합니다.

다음으로 중요한 윤리는 국민에 대한 정직과 봉사입니다. 공무원은 국민의 수임자로서 국민이 낸 세금으로 국가를 경영하는 주역이기 때문입니다. 여기서 정직이란 공정한 업무 처리와 부당한 특혜의 배격을 내용으로 합니다. 이를 위해서 공개행정이 필수인 것입니다.

공정한 업무 처리란 국민이 신임할 수 있도록 법령과 양심에 따라 공명정대하게 업무를 처리하는 것을 가리킵니다. 특혜의 배격이란 어떠한 압력과 유혹에 굴하지 않고 공익 우선의 정신으로 특정 개인이나 단체에 대해 차별적인 특혜를 주지 않는 것을 말합니다.

이 밖에도 중요한 윤리규범에는 창의성과 책임성이 있습니다. 창의성은 공무원이 국가발전의 선봉자이자 역군이기 때문에 필요한 덕목입니다. 책임성은 국민의 수임자로서 나라살림을 맡고 있기 때문에 강조되는 덕목입니다.

주권을 가진 주민들이 구 예산 편성에도 직접 참여하는 것이 바람직하다고 여겨 지역회의 위원들을 대상으로 예산 편성에 관한 설명회를 열었다.

따라서 공무원은 과거에 선임자들이 행하던 업무방식을 그대로 답습해서는 발전을 기대할 수 없습니다. 자신의 전문지식과 기술을 끊임없이 연마하고, 새로운 구상과 방법을 모색하여 맡은 바 업무를 창의적으로 개선해 나가야 합니다.

공무원은 직장에서 동료 사이 혹은 상관과 부하 사이에 경애와 신의라는 윤리 덕목을 갖추어야 합니다. 경애와 신의는 우리 민족의 전통적 덕목일 뿐만 아니라 오늘날 명랑하고 화목한 사회를 조성하는 데 정신적 바탕이 됩니다. 이러한 자랑스러운 전통 윤리를 직장에서 실천하기 위해 공무원은 동료에 대하여 독선과 아집을 버리고 이해와 겸손의 태도를 가져야 합니다. 그리고 상관에 대해서는 명령에 복종해야 하는 것은 물론이지만, 부당한 지시는 소신껏 건의하여 바로잡도록 노력해야 합니다. 부하에 대해서는 상대방의 인격을 존중하여 올바른 건의는 진지하게 받아들이고 잘한 일은 칭찬으로 격려해야 합니다.

**행동하는 공무원**

오늘날 공무원에게 가장 강조되고 있는 공직윤리는 청렴입니다. 청렴이란 공무원이 부정한 행위를 하지 않고 정당한 보수만으로 생활하는 것을 뜻합니다. 바꾸어 말하면, 공무원은 공직을 이용하여 이권을 도모하는 행위는 절대로 해서는 안 됩니다. 공무원은 직무와 관련해서 타인으로부터 어떠한 뇌물도 받아서는 안 되고, 또 소속 상관에게 뇌물을 주어서도 안 됩니다. 뇌물을 주고받는 행위는 바로 행정의 공정성을 저해할 뿐 아니라 행정의 부패를 촉진시키는 요인이 되기 때문에 공직자윤리법 등에서도 엄격하게 규제하고 있는 것입니다.

우리 조상들은 일찍부터 공직자의 청렴한 생활을 미덕으로 높이 평가해 왔습니다. 그것은 우리 민족이 행복을 물질적 충족에서보다 정신적 만족에서 찾았기 때문입니다. 특히 유학이 정신적 지주였던 조선시대에는 사대부가 실천해야 할 윤리로서 청렴을 가장 중요하게 여겼습니다. 그래서 모든 관리들은 백성으로부터 추앙 받는 청백리로 선정되기를 갈망했습니다.

윤리가 윤리만으로 그쳐서는 그 효과가 나타나지 않습니다. 윤리를 행동으로 옮기는 실천이 반드시 뒤따라야 합니다. 그렇게 함으로써 국민 위에 군림하려 한다는 지탄의 대상이 되지 않고, 낮은 곳으로 임하는 청렴한 봉사자 상이 국민들 속에 정립될 것입니다.

청렴은 공무원들에게 가장 중요한 덕목이다. 청렴문화를 정착시키는 일은 지속적으로 추진해야 할 일이다.

# 인사가 만사라는데
―논술시험

　　제가 구청장에 취임하는 날 공무원들 전체 있는 자리에서 말했습니다. "나는 4년 계약직 공무원이다. 당신들은 특별한 문제가 없으면 정년까지 보장되어 있는 공무원이다. 사실상 주인은 내가 아니고 여러분들이다. 헌법상 지위는 우리 노원구민이 주인이고 당신들은 봉사자이지만, 그래도 여러 가지 문제가 생기면 최종적으로 구의 살림을 챙기는 것은 당신들이다. 그런 사명감을 가지고 일하자. 나는 4년 동안 계약직으로 왔으니까 4년만 하고 갈 텐데 당신들은 계속 있어야 될 테니까 더 잘해 달라." 이렇게 말했습니다.

## 책 안 읽는 공무원

　　일반적으로 공무원들이 복지부동한다고 하지만, 실제로 보면 공무원들은 주어진 일은 아주 잘 처리합니다. 다만 스스로 문제를 파악하고 창의적인 대안을 만드는 일엔 소극적입니다. 그것은 제도의 탓도 있겠지만, 스스로 자신의 능력을 계발하지 않고 정체돼 있는 데도 상당한 원인이 있다는 것이 제 생각입니다.

그래서 제 고민은 이 사람들의 역량을 키워 주려면 어떻게 해야 할 것인가에 맞추어졌습니다. 그 일환으로 대체로 한 달에 한 번 정도씩 제가 책을 추천하기로 했습니다. 모든 직원이 그 책을 읽지는 않겠지만 그래도 구청장이 추천했으니 열 명 중에 한 명은 보겠지 하고 생각했습니다.

그렇게 하던 중에 7급에서 6급으로의 승진이 상신된 사람들 중에 승진이 너무 빠르다고 하는 여론이 있어서 그분들 승진을 다음번으로 미루는 일이 있었습니다. 개인적으로 조금 미안하기도 해서 위로도 할 겸 그 사람들을 불렀습니다. 7급 중에는 승진 서열이 가장 앞에 있으니까 상당히 능력이 있을 것으로 예상했습니다. 그런데 대화 중에 혹시 구청장이 추천한 책 읽었느냐 물어보니 읽은 사람이 한 명도 없었습니다.

저는 조금 충격을 받았습니다. 승진을 앞둔 사람은 승진에 도움이 되는 일이라면 무엇이든 하게 되어 있습니다. 그래서 이전에는 연줄을 통해서 청탁하는 일도 많았지만, 제가 취임한 뒤부터 그런 것은 통하지 않았습니다. 임명권자인 구청장이 추천한 책을 읽을 가능성이 가장 높은 부류가 바로 그들 승진 예정자입니다. 그런 그들이 안 읽을 정도면 아무도 안 읽었다는 말이 됩니다.

그래서 조금 더 강제적인 유인책이 필요할 것 같았습니다. 그때 생각해 낸 것이 승진 대상자들을 대상으로 논술시험을 실시하는 것이었습니다.

## 인사권을 내놓다

논술시험을 실시하자 곳곳에서 이 제도를 폐지해 달라고 아우성을 쳤습니다. 특히 노동조합에서 강력하게 요구해 왔습니다.

그래서 제가 전 직원들에게 편지를 썼습니다. 그 요지는 승진을 앞두면 무슨 일이든 한다, 구청장이 돈을 안 받으면 구청장하고 가까운 사람들을 만나서 충성맹세를 하거나 뭘 하더라도 한다, 그럴 시간이 있으면 다 그만두고 책을 읽어라, 사실 이 일은 나 좋으라고 하는 일이 아니다, 당신들의 역량을 키우는 일이다, 더구나 내가 문제는 내지만 채점은 담당자가 응시자의 이름을 가린 채 공정하게 한다, 이것은 나로서는 내 인사권의 절반을 내놓는 일이다, 등의 내용이었습니다. 또 이런 내용도 썼습니다. "구청장님 재선을 위해서 열심히 뛰겠습니다."라고 말

5급 승진 대상자들을 대상으로 한 논술시험 광경. 구청장으로서 인사권을 일부 포기하는 것이지만 직원들의 업무 수행능력이 향상되는 것이 더 중요하지 않겠는가.

하는 사람을 승진시켜 주는 게 나로서도 편한 일이기는 하다, 하지만 나는 잠깐 있다 가는 사람이다, 오히려 승진을 앞두고 있는 이번 기회에 책을 열심히 읽어 두면 자신에게 도움이 되지 않겠느냐고 했습니다.

채점에 대한 의구심이 생기지 않도록 공정한 제도를 만들었습니다. 국장과 과장 중에 출제 이전에 미리 채점자를 뽑아 둡니다. 그들 대여섯 명 정도가 집단으로 채점을 하고 평균을 냅니다. 응시자의 이름은 가렸지만, 처음에는 응시자가 직접 필기하는 방식이었습니다. 이것은 사전에 채점위원하고 짜고 할 수 있는 여지가 있었습니다. 그래서 그다음부터는 컴퓨터 워드프로세서로 답안을 작성하도록 했습니다. 이렇게 논술시험을 실시해서 1등을 한 사람은 내 의견과 상관없이 무조건 승진을 시켰습니다.

승진은 근무평정, 다면평가, 논술 세 가지를 종합적으로 고려해서 결정됩니다. 승진시험을 보는 사람은, 예컨대 5명이 승진을 한다고 하면 4배수까지 승진 대상자에 올리기 때문에 총 20명이 됩니다. 과거에는 대부분 구청장이 승진시켜 주려고 하는 사람은 사전에 근무평정 점수를 잘 줍니다. 1, 2년 정도 그렇게 근무평정을 높게 주면 승진 대상의 순위가 위로 올라갑니다. 그러면 때가 되면 자동으로 승진이 되는 것이지요. 저는 논술시험으로 이 관행을 깬 것입니다.

**직무 만족도도 쑥쑥**

제가 직원들의 역량을 높이는 게 필요하겠다고 본 이유는 이렇습니다. 7급에서 6급으로 승진하는 데는 최소한 15년에서 많게는 25년 정도 걸립니다. 과장으로 승진하는 데도 20년에서 30년 정도 걸립니다. 그런데 옛날에는 5급으로 승진할 때 헌법, 민법 등의 과목을 시험 보는 제도가 있었습니다. 지금은 그런 것이 다 없어지니까 근무 연수는 길어도 자기 계발에 시간을 투자해 본 경험이 없습니다. 그래서 논술시험이라는 계기를 통해서라도 자기 계발 기회를 가지라는 뜻이었습니다.

하지만 시험을 좋아하는 사람이 어디 있겠습니까. 초기부터 노조를 필두로 격렬하게 반대했습니다. 그때 노동조합의 임원들도 시험 대상자였습니다. 그런데 다행인지 불행인지 바로 노조 임원이 논술 덕분에 승진을 했습니다. 그 이후 노조의 태도가 바뀌기 시작했습니다.

사실 제가 추천하는 책이 대체로 노동조합에서 추천하는 책과 거의 같습니다. 노동조합이 자기 돈 들여서 해야 될 일을 구청장이 해 주는 셈이었습니다. 이렇게 되니까 노조와는 이제 협력관계가 됐습니다. 지금은 노동조합이 오히려 직원들을 상대로 설득하기도 합니다.

물론 계속 반대하는 사람도 있습니다. 책값이 많이 든다, 논술학원까지 다녀야 된다, 이런저런 얘기를 합니다. 하지만 저로서는 일단 인사철에 인사 청탁을 안 받습니다. 이전과 같이 생각하고 곳곳을 통해서 이번에 누구를 꼭 봐줘라 하는 말을 듣기도 합니다. 그러면 저는 "시험 잘 보라고 하세요."라는 한마디만 합니다.

제도를 시행하고 난 뒤에 보면, 논술을 통해서 승진한 사람들은 직무 만족도가 아주 높습니다. 업무를 하는 데도 논술이 도움이 많이 된다고 말합니다. 그래서 요즘은 논술시험을 폐지하자는 주장은 어느 정도 사라졌습니다.

# 종교기관에서 배운다
―구청은 행정만 하는 곳일까

전체 간부회의를 주재하면서 이런 질문을 던진 적이 있습니다. 도대체 구청은 무엇을 하는 곳인가. 물론 기본적으로는 외교와 안보 분야를 제외하고 국가에서부터 위임 받은 사무 및 구청 고유의 사무를 시행하는 행정기관입니다. 그러나 그것이 전부일까요.

**어려운 이들의 이웃이 되자**

구청이 행정을 하는 곳임에는 틀림이 없지만 그것은 기본일 뿐입니다. 제대로 일을 하려면 종교기관에서 하는 것을 보고 배워야 한다고 생각합니다. 종교기관에서는 불우한 이웃을 위해 여러 가지 사업을 벌이고 있습니다. 그들이 사정이 어려운 주민을 대하는 태도를 우리 공무원들이 보고 배워야 합니다.

사실 어려운 이웃들을 돌보는 일은 종교기관이 아니라 구청이 최종 책임자입니다. 오히려 구청이 행정을 영성적으로 할 필요가 있습니다. 그래서 구에서 내건 구호가 '내 삶의 든든한 이웃 노원구청'입니다.

생각해 보면, 국가는 큰 정책을 짜고 서울시만 해도 인구가 1천만 명이라 시민 전체의 삶을 다 보듬기 어렵습니다. 사실 구청도 중앙정부나 서울시처럼 행정기관이므로 행정만 하면 된다고 주장해도 틀린 것은 아닙니다. 구청 공무원은 법규 위반 안 하고, 뒷돈 받는 부정만 안 저지르면 정년까지 순탄하게 직장생활 할 수 있습니다.

그런데 그 와중에 서민의 삶은 망가지고, 애는 안 낳고 자살은 많이 하고 있습니다. 이 사람들을 도대체 누가 돌볼 것입니까. 그동안은 종교기관이나 시민단체에서 그 일을 했습니다. 하지만 그것은 정상이 아닙니다. 이제는 그 최종 책임을 구청이 맡아야 합니다.

**초심으로 돌아가자**

사회복지 전담 공무원 제도가 도입된 게 벌써 17, 8년이 경과했습니다. 그런데 사회복지사들을 보면 문제가 있습니다. 초기에 사회복지사가 된 이들은 어려운 사람들을 돌보는 공무원이 되겠다고 자원했을 겁니다. 그런데 요즘 그들이 하는 일을 보면 복지행정을 처리하는 데 그치고 있습니다. 이를테면 이 사람의 소득 수준이 얼마여서 기초수급권자가 될 자격이 있는지 없는지, 보육료는 이 사람의 재산 수준에 따라서 얼마를 책정할 것인지 등을 판정하는 사람이 되어 있는 겁니다.

저는 사회복지사들과 간담회를 갖고 그들에게 말했습니다. 판정하

노원구 어르신 정보화 경진대회에 들러 참가하신 어르신들을 격려했다. 나이 들어서도 새로운 것을 배우고 새로운 방법으로 소통하는 것이야말로 건강하고 젊게 사는 비결이 될 터.

는 일은 필요하니까 그 일은 하되 그 일이 전부가 되어서는 곤란하다고 말했습니다. 제도적으로 도와줄 수 없는 일이 생기면 제도 이외에 여러 가지 방법을 통해서 어떻게든 도울 방법을 찾는 것이 우리의 역할이다, 행정을 하지 마라, 그러려면 관두라고 했습니다.

자주 말했더니 지금은 태도들이 많이 바뀌었습니다. 어려운 사람들이 찾아오면 제도가 허용하면 제도 내에서 최대한 보호를 하고, 그렇지 않은 경우에도 어떻게든 도우려 하고 있습니다. 공무원은 직장인이라기보다 종교인에 가까워야 한다는 것이 제 지론입니다.

# 재정자립도 꼴찌의 대안
―예산분배제도의 재검토

2012년 6월, 전국시도지사협의회에서 정부의 무상보육사업을 보이콧한다고 선언해서 논란이 일었습니다. 2011년 연말에 정부가 0세부터 2세까지의 아이에 대해 무상보육을 실시한다는 정책을 결정했고, 법안이 국회를 통과했습니다. 이 좋은 정책을 왜 지자체에서 반대한 것일까요.

**자치 없는 자치**

속내를 들여다보면 이렇습니다. 서울시의 경우 무상보육 예산 구성이 중앙정부 부담 20%, 서울시 부담 80%입니다. 서울시에서는 자치구의 재정 여건에 따라서 차등배분을 합니다. 노원구 같은 경우는 재정이 열악한 상태여서 서울시 부담이 크고 구 자체 부담은 작은 편입니다.

어쨌든 서울시 차원에서 보면 지자체 부담이 80%입니다. 생색은 중앙정부가 다 내고, 부담은 지자체에 떠넘긴 격입니다. 지자체에서 반발하는 이유는 바로 여기에 있습니다.

또 기존의 기초수급권자에 대한 지원도 지자체에서 50%를 부담합니다. 서울시의 경우 시가 25%, 구가 25%로 나누어 부담하고 있습니다. 이렇게 되다 보니까 노원구 같은 경우 연간 예산이 4,200억 원 정도 되는데, 그 복지에 쓰는 예산 비중이 51%가 넘습니다. 2012년에는 53%까지 올라갔습니다. 액수로는 2,100억 원에서 2,200억 원 정도 됩니다. 주민들 시각에서 보면 엄청난 규모로 보이는데, 무상보육이나 기초수급권자 지원 같이 구가 의무적으로 할당 받은 것이 복지 예산의 95%를 차지합니다.

따라서 현재의 구조에서는 외형상 복지에 굉장히 많은 돈을 투입하는 것 같지만 현실을 들여다보면 그 대부분이 기초수급권자의 급여, 기초노령연금의 노령연금, 장애인연금, 아동보육의 보육료 예산입니다. 정작 구청에서 자율적으로 사업을 할 수 있는 예산은 거의 없습니다. 자치 없는 자치를 하는 꼴입니다.

그러면 어떻게 할 것인가. 저는 일종의 내셔널 미니멈(국가가 보장하는 국민의 최저 생활수준), 시빌 미니멈(시민 최저 생활수준) 이런 기준을 정해서 전국 어디에 살든 관계없이 국민이 누려야 될 기본권과 관련된 것은 중앙정부가 전액 부담해야 한다고 봅니다. 이를테면 기초수급권 급여, 무상보육, 노령수당 이런 것들이 해당됩니다.

**이대로 가면 지자체는 파산**

이렇게 했을 때 서울 같은 경우에 상대적으로 교통비와 주거비가 더 드니까 그것을 반영해야 한다면 그 부분만 서울시가 추가로 부담을 하는 겁니다. 그리고 자치구는 그 동네 주민의 특성에 맞는 여러 가지 프로그램을 자율적으로 만들어서 시행하는 방향으로 가야 합니다.

예를 들어 기초수급권자가 많은 지역일 경우에는 기초수급권자에 대한 자활 프로그램을 운영합니다. 장애인이 많은 지역에서는 장애인 재활과 관련된 여러 가지 프로그램과 사업을 시행합니다.

현재의 구조에서는 지자체에 그런 사업을 시행할 여력이 전혀 없는 상태입니다. 구조적인 딜레마에 빠져 있는 겁니다. 그런데 중앙정부는 이런 근본적인 문제는 외면하고, 자치구가 돈이 없다고 아우성을 치면 국세의 일부를 떼어내 지방세로 바꾸어 준다든지, 국세에서 지방에 나눠 주는 교부금 비율 20.0%를 20.2%로 올려서 조금 더 준다든지 해 왔습니다. 하지만 그런 임시 처방도 이제는 거의 한계점에 도달한 실정입니다.

당장 2013년부터는 3, 4세 아이로 무상보육을 확대한다고 합니다. 지금도 0세부터 2세까지 무상보육 한다니까 집에서 키워도 되는 아이를 굳이 시설에 맡기고 있습니다. 그런데 아이들 정서를 위해서도 특히 0세부터 1세 혹은 2세까지는 집에서 키울 수 있는 아이는 집에서 키우는 게 낫습니다. 그러려면 집에서 키우는 아이는 일종의 아동수당 같은 것을 부모한테 지급하면 되는 것인데, 그런 일은 안 하고 3, 4세로 무상보육을 확대하면 아마도 전국의 모든 자치단체는 파산하고 말 겁니다.

## 시대에 역행하는 행정구조개편안

현재 새누리당이든 민주당이든 복지국가로 가는 게 대세가 되어 있습니다. 그런 관점에서 보면 이 기회에 예산 배분 구조, 지방자치단체의 역할 이런 것을 재구조화할 필요가 있습니다.

그런데 최근에 정가에 행정구조 개편 얘기가 나돌고 있습니다. 정부 안에 따르면 광역도시 중에 서울은 구청장은 현행처럼 주민 직선으로 뽑되 구의원은 없고, 서울을 제외한 광역시, 이를테면 부산, 대전, 광주 등에서는 구청장도 임명직으로 바꾼다고 합니다.

정부의 안은 행정을 효율성 측면에서만 본 것입니다. 그런데 저는 지방자치의 핵심은 공동체 복원에 있다고 생각합니다. 공동체를 복원시키려면 어쨌든 작은 단위에서 아기자기하게 민주주의가 실현되어야 합니다. 그렇게 보면 서울이라고 하는 데가 단위가 너무 큽니다. 구 단위는 그래서 중요합니다. 저는 구의원에게 자기 동네의 작은 공동체 복원을 후원하는 역할이 있다고 봅니다.

지방자치를 잘 운영하는 다른 나라들을 보아도 지방자치단체를 굉장히 잘게 쪼갭니다. 그런데 우리는 반대로 계속 키우려는 방향으로 가고 있습니다. 이를테면 현재의 도 구조를 없애고 인구 100만 명 전후로 하는 기초단체들과 중앙정부만 있는 구조로 바꾸겠다고 합니다. 만약 그렇게 되면 어떤 현상이 발생할까요. 시도가 없어지고 지금 240개 정도 되는 기초자치단체를 통폐합해서 100개쯤 만든다고 가정하면 중앙정부가 한꺼번에 100개 자치단체의 일을 처리할 수가 없습니다. 그러면 중앙정부 안에 몇 개의 광역단위를 관할하는 부서가 반드시 생길 것입니다. 결국 중앙의 권력만 커지는 것입니다. 저는 행정안전부가 시대착오적인 계획을 진행하고 있다고 생각합니다.

**자치의 목표는 공동체 복원**

가장 중요하게 고민해야 할 문제는 세금을 어떻게 배분해서 주민의 만족도를 높이는가에 있습니다. 현재 우리나라의 세입 구조는 국세가 80% 정도, 지방세가 20% 정도여서 어떤 학자는 '2할 자치'라고 표현하기도 합니다.

그래서 지방행정을 연구하는 학자들 중에는 일본의 예를 드는 이들이 많습니다. 일본은 국세 대 지방세 비율이 5대5 정도 됩니다. 우리는 8할을 국세로 걷어서 지방조정교부금 배분 비율에 따라서 지방에 나누어 줍니다. 지방에 국가 위임사무도 상당 부분 있으니까 이렇게 나누어 주는데 국세 대 지방세 비율을 일본처럼 바꾸면 중앙에서 나누어 줄 필요가 없어진다는 주장입니다.

하지만 저는 이 주장에 반대합니다. 일본이 예외이고, 프랑스나 영국을 보면 국세 비중이 훨씬 높습니다. 저는 국가의 균형발전을 고려하면 국세 비중이 높은 게 오히려 더 합리적이라고 봅니다. 그래야 국가가 판단해서 의도적으로 재정력이 취약한 곳에 배분을 할 수 있습니다. 지방세를 높이려면 결국 부가가치세나 소득세를 지방으로 떼어 주어야 합니다. 그러면 수도권은 현재보다 수입이 늘지만, 지방은 현재보다 훨씬 가난해집니다. 오히려 수도권과 지방의 양극화가 심해진다는 말입니다. 한국의 특성을 고려해 보면 일본처럼 지방세를 늘리는 게 능사는 아닙니다.

  오히려 앞에서 언급한 대로 국가가 세금을 걷어서 내셔널 미니멈에 해당되는 것은 국가가 직접 배분을 하고, 지방자치단체는 그 특성에 맞게 일할 수 있도록 해 주어야 합니다. 그렇게 하는 데 적정한 예산 규모가 어느 정도인지를 판단해서 그런 방향으로 예산 구조를 재구조화하는 것이 바람직한 방향이라고 생각합니다.

맺음말

# 나비효과를 꿈꾸며

  2010년 8월 처음 자살예방사업을 시작할 때 담당과장에게 목표를 정해 보라고 한 적이 있었습니다. 우리 구청 공무원 중에서 복지분야에서는 가장 유능한 분임에도 쉽게 답을 가져오지 못하더군요. 지자체 차원에서는 그 어느 곳에서도 해보지 않은 일이었기도 하고, 일반적으로 공직사회에서 사업을 추진할 때 목표를 정하면 차후 평가의 근거가 되기 때문에 목표를 제시하기가 쉽지 않았을 것입니다.
  "제 임기 마지막 해인 2014년에는 지금의 절반까지 자살률을 낮춰 봅시다."
  2009년을 기준으로 이틀에 한 명꼴인 연간 180명의 자살자를 90명까지 낮추자고 제가 목표치를 제시하자, 공무원들 사이에서 내심 반신반의하는 분위기가 보였습니다. 구청장이 달성할 수 없는 목표를 제시

한다면 내부의 동력이 떨어질 것은 불문가지. "목표를 달성하지 못해도 좋습니다. 하지만 우리의 노력으로 단 한 명의 생명이라도 살릴 수 있다면 그것만으로도 충분하지 않을까요."라며 전인미답의 길을 가는 공무원들과 자원봉사자에게 할 수 있다는 자신감과 용기를 북돋아 주며 시작했습니다.

그로부터 2년여의 시간이 흘렀습니다. 아직 통계청의 공식 발표가 나오지는 않았지만 2011년 말까지 노원구의 자살률이 약 30% 줄어든 것으로 예상되고, 노원경찰서로부터 매달 받아 보는 올해 상반기까지의 자살률도 전년 대비 10%가량 줄었다고 합니다.

크게 보면 아직은 보잘 것 없지만 지역에서 이와 같이 작지만 가시적인 성과가 나오자, 많은 곳에서 관심을 가지기 시작했습니다. 전국의 지자체들에서 자발적으로 벤치마킹하는 것은 물론이고, 서울시에서는 노원구의 사례를 시 전체로 확산하기 위해 '지역밀착형 자살예방활동'을 전면 시행하겠다는 계획을 발표했으며, 보건복지부에서도 많은 관심을 보이고 있습니다.

이른바 '나비효과'가 나타나기 시작했습니다. 노원의 날갯짓이 서울

과 대한민국을 조금씩 변화시키고 있구나 하는 생각이 듭니다.

자살예방사업처럼 노원구가 전국에서 처음으로 날갯짓을 시도한 사업들은 다음과 같습니다.

- 심폐소생술 상설 교육장 개설
- 평생건강관리센터 개소
- 동 단위 복지협의체 구성
- 통장의 주요 역할을 복지 도우미로 전환
- 상설 휴먼 라이브러리 개관
- 기초지방자치단체 차원의 SSM 대책
- 공공기관 비정직의 정규직화
- 협동조합 방식의 구립어린이집 운영
- 지역난방 대책 마련
- 화석연료 제로 하우스인 노원에코센터 개관
- 한국판 베드제드를 목표로 한 친환경 공공임대주택 사업
- 단열 보강형 집수리 사업

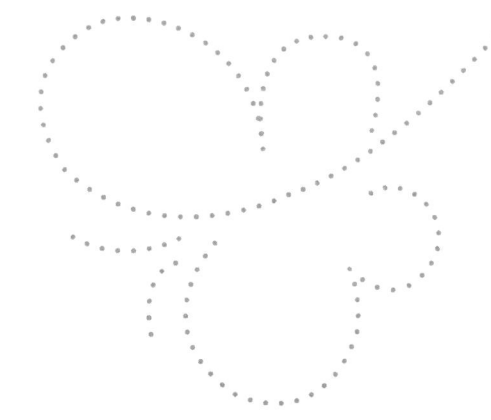

- 탈핵-에너지 전환 도시선언
- 놀이터 모래 소독사업
- 도심형 바이오매스 사업
- 교육영향평가제 도입
- 예방적 위기청소년 대책 마련
- 뉴타운 실태조사 등

　이러한 사업들은 앞의 본문에서 왜 추진하게 되었는지, 추진과정에서 어려움은 없었는지 그리고 그 효과는 어떤지에 대해서 간략하게 기술하였습니다.
　이 사업들 중에는 '노원에코센터'처럼 이미 상당한 성과를 거둔 사업들도 있고, 도심형 바이오매스 사업과 같이 이제 막 시작하여 제 임기가 끝나가는 시점에 가서야 그 성과 여부가 판단될 사업들도 있습니다. 또한 친환경 공공임대주택 사업은 제 임기 중에 시작하지만 민선 6기의 구청장 시절에야 효과 여부를 측정할 수 있는 사업이며, 노점상 대책처럼 아직 미완의 과제도 있습니다.

　노원구에서 시도한 모든 사업이 성공하여 이른바 전국적인 모범사례가 된다는 보장은 없습니다. 다만 성공과 실패의 여부를 떠나 중요한 것은 주민들에게 필요한 일이면 남들이 가보지 않은 길이라도 두려워하지 않고 '백척간두진일보(百尺竿頭進一步)의 심정으로 첫발을 내딛었다는 사실입니다.

## 재정자립도 꼴찌구의 행복한 실험

　노원구는 서울 25개 자치구 중에서 재정자립도가 가장 낮아서 자체 가용재원이 거의 없습니다. 전체 예산 중 약 53%가 복지관련 예산으로 쓰이는데 실상은 기초수급권자 급여 및 의료비, 각종 보육관련 예산, 노령수당 등 국가나 서울시의 사업 시행에 대한 대응투자, 이른바 매칭 비용이 전체의 96%여서 예산만 놓고 본다면 노원구가 창의적으로 자체 사업을 하는 것은 거의 불가능한 상황이라고 할 수 있습니다.

　그럼에도 불구하고 지난 2년을 되돌아보면 저는 참 운이 좋은 사람이라는 생각을 지울 수 없습니다. 왜 그렇게 생각하냐구요? 전국에는

227명의 기초자치단체장이 있습니다. 모두들 자신이 속한 동네를 발전시키고 그 주민들을 위해 최선을 다하고 있습니다. 그중에서 제가 있는 노원구에서 새로운 실천을 다양하게 할 수 있었던 것은 동네 안에 저와 같은 생각을 하는 사람들이 많이 있었기 때문입니다.

노원구는 상계동 철거민 반대투쟁 이래 '나눔의 집'을 중심으로 다양한 시민사회운동이 활발하게 이루어지고 있는 곳입니다. 마들주민회, 중랑천사람들, 의료생협, 노원포럼, 노원교육공동체, 노원골사람들 등등 다양한 시민사회단체들과 회원들이 노원의 변화에 시동을 걸어주었습니다.

또한 주민자치위원회, 동복지협의회, 노인회, 새마을단체, 통장협의회, 생활체육단체, 아파트입주자대표, 마을문고, 학교, 종교기관, 복지관, 주요 기업 등 거의 모든 직능·사회단체들이 한마음처럼 노원의 날갯짓에 주역이 되어 주었습니다. 그리고 이름을 드러내지는 않지만 항상 노원의 변화를 위해 헌신하는 1,400여 명의 우리 노원구청 공무원들도 있었습니다.

노원의 날갯짓이 세상을 변화시키는 데 함께한 모든 분들께 이 자리를 빌려 마음 깊이 감사의 말씀을 드립니다.

　모든 변화의 중심에는 사람이 있습니다. 시스템이 아무리 잘 갖추어져 있더라도 결국은 사람이 준비되어 있지 않으면 성공을 보장할 수 없습니다. 이와 같이 행복공동체 노원으로 가는 길에 뜻을 같이하는 많은 사람들 덕분에 지난 2년여 간 노원구의 시도와 도전은 가능했습니다.

　그리고 노원구의 날갯짓은 앞으로도 계속될 것입니다.